# 生活的艺术家

李小龙 著

（美）约翰·里特（John Little） 编辑整理

刘军平 译

*Bruce Lee: Artist of Life*

北京联合出版公司
Beijing United Publishing Co.,Ltd.

叶问与李小龙合影

# 序言　艺术家之路

在我们的现实生活中，真正杰出的人可以说是屈指可数。当这些杰出的人走过的人生轨迹与我们的交汇之时，就会给我们留下不可磨灭的印象。其实，在日常生活中，在某一特定的时空，无意间与一位杰出的人相遇也许能改变我们一生的命运。

我想，我们中的大多数人都能举出几个改变了我们一生命运的人。他们在某种场合激励过你的人生，或许他是你的父母亲、老师、朋友、作家或者历史人物。但是，既然你有幸读到这本书，那么毫无疑问，你会认为李小龙或许是那为数不多的、对你生活产生了深刻影响的人之一。

不用说，如果不是在1963年那个重要的日子里遇见小龙，我的生活将会截然不同。9年来我们相濡以沫，对于能与这位拥有旷世奇才的人共同走过9年的婚姻生活，我非常感恩。我同样感恩的是，我能与一个活力四射的人在一起生活，一起分享组建家庭的快乐。而除此之外，从小龙身上，我也学到了很多。在他离开我以后的日子里，他还一直引导着我。

一想到小龙在他短暂的生命中所取得的辉煌成就，我便知道，他的精神会永远长存，决不会因为肉体的消逝而消失。他常说，自己体内蕴藏着"一股神秘力量"，正是这种力量激励他选择了他要走的人生道路。我发现，小龙有一个非凡的品质，那就是能够认识到并珍惜燃烧在自己体内的神秘能量。凭直觉，他知道自己的人生有一个使命。正如他容许几千年来的传统智慧通过他得以发扬一样，他同时也在引领着他的自我意志执著地追寻着自己理想中的美好蓝图。

小龙常说，人与人之间千差万别的原因并不在于我们的生命中发生了什么，而在于当我们面对人生中能考验生命勇气的重要境遇时，选择用什么样的方式作出回应。追溯小龙生命的主要轨迹，便可知道这些选择对他的人生有着至关重要的影响，或许也会发现"那股神秘力量"同样引导着他的生命轨迹。他拜师在叶问宗师的门下学习功夫绝非偶然，正是叶问大师向小龙灌输了武术之道的伟大意义在于形体之外。除此之外，小龙到华盛顿大学去学习哲学也不是偶然，他渴求能把哲学精神融入武术。还有，小龙拍戏磨练自己的演技的时候，他不满足于单单做一个影像制造者，而一直坚持展示和表达他的本真自我，这也不是偶然。一直以来，小龙都通过大量的阅读和写作进行自修，以拓展自身的潜能。

小龙是一个非常有学问的人，他不肯错过任何一个在"事实"和"情境"中接受教育的机会，并借此拓宽对自己的认识。作为一个读书人，他能运用知识学问进行反思，使智慧成为修身养性的工具。作为一个哲人，他能将具体的艺术准则运用于更广泛的现实人类生活的各个方面，踏踏实实地生活。

小龙有一个真正卓尔不群的特点是，他在将所学知识内在化或生活化的同时，还能传播他的学习过程。无论是教学、表演、写作还是演讲，他都能展示自我发现的个人之路。就像他所说的，他在武术和电影中的形象，都是"简单而真实地反映自我"。从表面上看，这是一种个人魅力；从深一层的角度来看，这种勇于剖白灵魂的魄力堪称艺术之魂。就像米开朗基罗从一堆大理石中雕琢出大卫，小龙剥掉了他内心灵魂的层层外衣，向世界展示他的真我。

当你在电影屏幕上看见小龙时，你是否就能从内心感觉到，这就是一个存在于现实的人？是否就是这个敞开自我心灵过程，而使他与其他武术家和演员有所不同呢？私下认识他的人都知道，电影角色中的小龙与现实生活中的小龙并无二致。他在各个方面都是那么超凡脱俗——不管是在银幕前还是在银幕后。

此书中，小龙的言论已经十分清楚地阐述了他的思想，因此我便无须再费笔墨。在此，我非常欢迎大家通过阅读本书来分享他的一些远见卓识，通过他，也许因此你能更好地了解自己。小龙旅行的终极目的地是一片宁静的心灵之境——也就是生活的真谛。我很确信这一点，因为小龙选择了自我认识，而不是机械地积累事实。在他的生命中，他更倾向于表达自我，而并非角色形象的提升。我相信，他是带着一颗平静的心走完生命的最后旅程的，意识到这一点，我也感到很宽慰。

小龙说过，"认识自己需要花一生的时间"，而他一刻也没有虚度光阴。

**琳达·李·卡德维尔**

# 一个不朽灵魂的史诗

## 琳达·李·科德维尔

这个不朽的灵魂，
漫游于精神宇宙的四方天地，
这个聪慧的灵魂，
曾经存活在许多伟大思想家的脑海里。
这个灵魂是深邃的，
他具有丰富的人生体验，幽深如不见底的湖泊。
这个灵魂有巨大的力量，
生来就通过无数的生命的反思了解自己。
在永恒的王国里，
有许多新的灵魂，
他们的离去，
常常是为了活在人们中间。
而这个不朽的灵魂，
却徘徊在缥缈的虚空之中，
等待一个非凡躯体的召唤。
正当此时，
有一颗年轻人的心，
也在期盼这个不朽灵魂的关注，
于是这位不朽的旅客，
再一次用智慧和同情眷顾人世。
阅尽尘世铅华仅三十二载，
这个灵魂燃烧着激情，

释放出神秘的力量,
激励着这个年轻人追寻真理,
展现出无与伦比的创造力和精神的力量。
不朽灵魂的一生,
由知识和智慧这对双胞胎来领航,
在延绵的时间中有不经意的一刻,
这个艺术的灵魂就栖息在我们中间。
这绝不徒然,
这个灵魂的人生幻梦苏醒了,
他对生命的体悟却留存下来。
敢于凝视生活的人,
可以借此丰富心灵和思想,
或许还能让灵魂更加成熟。

# 前言　生活的艺术家

　　大约在逝世前六个月，李小龙开始坐下来，着手写下他的人生阅历和体会，文章的标题是"自我发现的过程"，它涵盖了李小龙对生命各个阶段的深刻理解。李小龙的写作是发自内心的，他捕捉到了很多未经自我意识雕琢的深切感受。

　　在拍摄《龙争虎斗》（Enter the Dragon）和构思《死亡游戏》（The Game of Death）的几个星期中，尽管他十分忙碌，也还是挤出时间回到这些文章上。灵感一来的话，他就随手记下笔记——有些是在中国香港嘉禾电影公司的摄影棚里写的，有些是在他在故乡九龙塘学习时写的，也有些是他到餐馆吃午饭或晚饭时写的。他写下了这篇文章之后，曾八易其稿，每次的改稿都比前一稿详细。它们记录了李小龙作为一名武术家，作为一个演员，最重要的是，作为一个人的点点滴滴的人生体会。

　　在这篇文章的定稿中（这篇文章从未发表过，大概李小龙写这篇文章只是想陶冶自己的情操，别无其他目的），李小龙明确地表达了他对人生的追求："习武是我的个人选择，演员是我的职业。虽然我在生活中主要扮演的是这两个角色，但我最希望的是能实现自我，成为一个生活的艺术家。"而李小龙所说的"生活的艺术家"，是指一个个体的成长过程，即一个人通过运用自己的独立判断，成为一个在身体上、心理上以及精神上完整的人。此外，作为一个"生活的艺术家"，李小龙很乐意敞开心灵和他人真诚地交流，而不是沉迷于扮演各种各样的社会角色（也就是自我形象的塑造）。就像他在接受一位加拿大记者皮埃尔·伯顿（Pierre Berton）采访时所说的那样，"对我来说，在电影中表演一个角色是轻而易举的事，而且那会让我充满自信、感觉棒极了。我在电影中可以做很多虚假的事，甚至连自己也给蒙蔽了，我也可以给你们秀一些花哨的动作，但是朋友，最难的事就是要真诚地表达自我，而不是欺骗自己。"

李小龙力图将这个观点融入他所做的每一件事情之中。无论是与朋友、家人、商业伙伴相处，还是创作、编舞、导演和主演电影，抑或是写作哲学论文、心理学文章、诗意的沉思和个人的随笔时，他总是不忘这一点。有一次，他这样告诉中国香港的记者泰德·托马斯（Ted Thomas）："对于我来说，我的生活就是自我反省，一点点、一天天的自我剖析。"李小龙的创作对这一点体现得最为鲜明。从中国武术文化到真挚的诗歌，无论主题是什么，他都做到了像一个真正的大丈夫一样坦荡地展现他的灵魂。

而具有讽刺意味的是，二十多年以来，人们知道李小龙主要是因为他在徒手格斗中展现出的身体技巧和心理战术。但是这本书却告诉我们，这种浅薄的看法根本就是不准确的。

李小龙不仅是一位诗人、哲人、科学家（身体和思想的科学家）、演员、制片人、导演、作家，而且还是舞蹈编导、武术家、丈夫、父亲以及朋友。作为一个人，李小龙试图寻求生活的每一个令人惊羡的层面，同时他也被经历的每一个过程所吸引。他总是在思考，为洞察精神上的真理而着迷，而只有通过调整意识的焦点，才能发现这样的真理。但这并不是在向读者建议，在阅读这本书之前，得抛弃他们认为李小龙是一个武术家的认识，读者只需腾出一点空间，来接受李小龙还是一位诗人、哲学家、心理学家、作者、激励者、自助的倡导者、艺术家、演员、社会学家和灵魂的探求者。简而言之，李小龙就是一个生活的艺术家。

将来，所有想成为李小龙艺术和哲学后继者的人，都需要了解李小龙生活的每一个方面。他们也需要知道、了解，尤其是领会隐含在"自我发现过程"各篇中的微言大义，以及八篇"通向自我解放之路（截拳道）"中更深层次的涵义。就像李小龙的徒弟们至今还能够熟练地演练出他的格斗技巧，铭记他的武术名言一样。

伟大的艺术家能通过艺术与人沟通交流。当你看到一幅画时，你马上就能知道，那个艺术家创作这幅画时的感觉——甚至你会知道他当时在想些什么。在这样的交流之中，时间造成的距离不复存在，你清晰明了地体会到了艺术家的感情，仿佛你就是艺术家本人一样。同样，看着李小龙在生命的帆布上描述出的色彩斑斓、丰富多彩的画面，我们就能够凭直觉察觉出他的伟大人格、激情、真诚信念，乃至他的灵魂。像李小龙说的那样，如果艺术是"可视的生命乐章"，那么这本书肯定就是他的生命交响曲。

如果你带着李小龙所说的"静谧、无偏见的意识"来阅读本书，你会觉得自己不是在读一本书，而是在拜会一位老朋友。虽然李小龙的肉体已经离开了我们，但是他仍然能通过文字来和我们交流，而这是一种超出人类生命限制的交流方式。当我们欣喜于有李小龙作为精神伴侣的同时，我们也应该正视他的忠告：让自己成为"生活的艺术家"。但是，如果我们愚蠢地将李小龙置于神坛之上，对他的言论和信念全盘照收，那将会给我们的朋友和我们自己带来巨大的伤害。在这本书的第八部分中，有一封李小龙写给"约翰"的信，在此信中李小龙对他的艺术作了以下忠告：

> 约翰……你有没有发现，你的思考方式与我的截然不同。究其原因，艺术是让"个体生命"获得解放的一种手段。你的方法不等于我的方法，反之亦然。所以，无论我们能否走在一起，切记住，哪里有绝对自由，哪里就有艺术生存的土壤。

太靠近另一个人的思想河流是十分危险的，水流越湍急，我们就越容易被水流冲走。所以，我们只需单纯地观察李小龙思想之河在本书中流动的历程，注意它在哪里曲折蜿蜒，哪里奔腾呼啸，哪里掀起浪花，哪里泛起涟漪。如果我们从岸边往回退一点点，从我们各自独一无二的有利位置去看待这些思绪的大潮，我们就会发现这条河流的大体走向。换句话说，就是李小龙的"手指"所指的方向。而且，也就是在这一交叉点上——人类的思维之河与人类的理解之海相汇合——我们最终能够看见李小龙25年前第一次告诉我们的那种画面："所有上苍的荣耀"。那时，我们也就能完全体验到那种做一个清醒的人、一个完人、一个充满生命力的人和一个充实的人。就如李小龙犀利的眼光观察到的那样，只有在自我认识的过程中，我们才能更清楚地认识事物。

> 我无法教你什么，只能帮助你探求你自己。除此之外，别无他法。
> ——李小龙

**约翰·里特**

# 目录

序言　艺术家之路…………………………………琳达·李·科德维尔　001
前言　生活的艺术家………………………………………约翰·里特　006

## 第一章　功夫之道………………………………………………… 003

    1.1　功夫之道：中国武术研究　004

    1.2　功夫：东方艺术的核心　011

    1.3　理解功夫　014

    1.4　功夫的悟　016

## 第二章　功夫入门………………………………………………… 020

    2.1　教你自卫　022

        自卫小招　022

        自卫的基础　023

    2.2　进攻和防御中的心理学　024

    2.3　怎样选择武术导师　024

    2.4　刚柔并济　028

    2.5　我对功夫的看法　029

## 第三章　截拳道之道……………………………………………… 030

    3.1　截拳道：截击拳法之道　033

    3.2　截拳道：走向自我解放之道　034

　　　　招式是某种倾向性的反应　035
　　　　真理不能被塑造或者被掩盖　038
　　　　什么是截拳道？　038
　　　　不变的状态是以变应变　039
　　　　一指望月　039

　　3.3　截拳道的终极源泉　040
　　　　启　蒙　040
　　　　道　德　040
　　　　哲　学　040
　　　　四肢（你的天然武器）有双重用途　041
　　　　遵守规则阶段（顺其自然阶段）　041
　　　　不动心的顿悟　041
　　　　涅槃再生　042
　　　　原始的纯净　043
　　　　六种病症　043
　　　　"家中的主人"：让人的器官观察　044
　　　　截拳道　045
　　　　三个构成要素　046
　　　　若即若离　047
　　　　两种病症　047
　　　　不动心　050
　　　　五个主要要点　050

　　3.4　主　题　051
　　3.5　精湛的技艺　052

# 第四章　哲学与功夫 …………………………………… 054

　　4.1　我为什么喜欢哲学　056
　　4.2　人的理解力　057

4.3　生活：事物的整体性　058
　　　水中月　062

4.4　刚柔并济　063

4.5　道　家　063

4.6　阴　阳　064

4.7　放松身心　065

4.8　论西方哲学　066

4.9　柏拉图：说服的艺术　066
　　　柏拉图的《高尔吉亚》（*Gorgias*）　067

4.10　苏格拉底　067

4.11　人类的本性　070

4.12　道德行为的相对性与绝对性　070
　　　客观判断和主观判断　071

4.13　哲学家雷内·笛卡尔　071
　　　笛卡尔的"沉思录"　071
　　　笛卡尔的观点　074
　　　笛卡尔的"我思"　074

4.14　"我要的颜色"　075

# 第五章　心理学与功夫 …………………………… 078

5.1　完形疗法的笔记　080

5.2　生物与其环境相适应的关系　081

5.3　三种哲学　082

5.4　自我调节与外在调节　083

5.5　胜利者和失败者　084
　　　优势者　084

　　　　劣势者　084

　5.6　四种基本哲学方法　086

　5.7　思考即是角色演练　086

　5.8　学习过程　087

　5.9　对中的过程　089

　　　　过　程　090

　5.10　症结——僵局　090

　5.11　赫塞论自我意志　091

　5.12　走向自我解放　092

## 第六章　武学手记 ……………………………… 094

　6.1　笔记一　096

　6.2　笔记二　097

　6.3　笔记三　100

　　　　三种错误　101

　　　　无拘无束　101

　　　　纯粹的"见"　104

　　　　什么是艺术？　104

　6.4　笔记四　104

　6.5　笔记五　105

## 第七章　表演艺术 ……………………………… 106

　7.1　到底什么是一位好演员？　108

　7.2　作为整体形象的演员　108

　7.3　表演艺术的自我实现与自我形象的实现　109

　7.4　一位演员的心声　110

## 第八章　自我发现 ·············································· 116

**8.1** 李小龙在中国香港写的第一篇文章　118

**8.2** 自我发现过程（一）　118

**8.3** 自我发现过程（二）　120

**8.4** 自我发现过程（三）　120

**8.5** 自我发现过程：寻找真实的人（四）　121

**8.6** 自我发现过程（五）　124

**8.7** 自我发现过程（六）　125

**8.8** 自我发现过程：论自我实现（七）　125

**8.9** 自我发现过程（八）　125

**8.10** 充满激情的心境　126

## 附录一　诗　歌 ················································ 132

李小龙原创诗歌　134

李小龙诗歌译作　143

## 附录二　书　信 ················································ 148

生活的真正意义：宁静的心态　150

运用你自己的经验和想象　153

我是谁？　155

把绊脚石变成垫脚石　159

境由心造　161

哪里有绝对自由，哪里就有艺术生命　163

## 附录三　对手眼中的李小龙 ·································· 164

欧内斯特·耐布（Ernest Lieb）　167

李俊久（Jhoon Rhee） 167

查克·罗礼士（Chuck Norris） 167

肯·克劳逊（Ken Knudson） 168

艾伦·斯迪恩（Allen Steen） 168

弗莱德·若恩（Fred Wren） 168

华利·杰（Wally Jay） 168

路易丝·德尔伽多（Louis Deigado） 169

杰·马瑟（Jay Mather） 169

海伍德·西冈（Hayward Nishioka） 169

乔·路易斯（Joe Lewis） 169

译后记……………………………………………………………… 172
出版后记……………………………………………………………… 174

　　十八岁那年,当李小龙从中国香港回到他的出生地美国的时候,他把那时鲜为人知的中国功夫也带了回去。他曾设想,把鲜为人知的中国功夫文化介绍到北美大陆。事实上,李小龙曾经一度想在美国设立连锁的功夫协会。但是,随着他的学识与日俱增,哲学和武术的知识也日益精湛之后,他逐渐认识到,尽管传统美德备受推崇和尊敬,也并没有必要去极力颂扬它。

　　但这并不意味着李小龙背弃了他的中国传统和哲学。他花了大量时间

第一章

# 功夫之道

来寻找人类的共同根基，而不是寻找民族的根基，来证明他的信仰体系和行为。但有一点很有趣的是，从1972年开始，当他试图用电影反映哲理方面的内容时，他所展示的道理仍是来自东方的传统。

本章这些关于中国哲学和武术的文章写于20世纪60年代。我们可以从这些文章中看到：年轻的李小龙，带着激情的冲动，想向西方人介绍中国传统文化，让他们分享中国文化之美。

## 1.1 功夫之道：中国武术研究

功夫是一种特殊的技能，与其说是一种体力活动或自我防卫手段，不如说是一种精巧的艺术。对中国人来说，这是一种心灵与技巧相配合的精妙艺术。功夫的原理并不像自然科学那样可以通过事实调查或接受教导来掌握。它必须顺其自然，像花朵一样，摆脱感情与欲望的羁绊，从思想中绽放出来。功夫原理的核心就是"道"——也就是宇宙的自发性。

"道"这个词在英语中没有准确的对应词。如果把它翻译成为"道路"、"原则"或"法则"，则是将它的含义变得狭隘了。道家的创始人老子，是这样描述它的：

> 道可道，非常道；名可名，非常名。
> 无名，万物之始；有名，万物之母。
> 故常无欲，以观其妙；常有欲，以观其徼。
> 此两者，同出而异名，同谓之玄，玄之又玄，众妙之门。
> ——老子《道德经》（一）

《世界哲学名篇》（*Masterpieces of World Philosophy*）对"道"的解释是，"道是万事万物的无名之始，万物所遵循的规律，也是最高级、最终的形式，是万物生长的规律。"休斯顿·史密斯[①]在《人的宗教》（*The world's relingions*）中谈到："道是终极的现实——或者说是所有生命背后的方法和规律，或者说，人类的生命之道应该与宇宙的运行之道相和谐。"

尽管没有一个词能替代"道"的意思，我还是用这个词来表示它："真

---

[①] Huston Smith，美国宗教研究学者，被公认为宗教史权威，也是比较宗教哲学的领衔人物。

理"——功夫背后的真理，所有习武者应该遵循的真理。

道孕育着阴阳。阴阳是在所有现象背后运作的一对互补的力量。阴阳之说又叫做**太极**，也是功夫的基本构架。而太极学说，或者叫万物本源之说，是在三千多年之前由周敦颐创立的。

"太极"把宇宙万物的变化规律归纳为阴阳两大类，用双鱼符号来表示。此二者相互依存，相互争斗，相互转化，循环不息。"阳"代表了阳性、刚硬、雄性、实际、明亮、白昼、热量等；而"阴"则恰恰相反，它代表了阴性、柔软、雌性、脆弱、黑暗、夜晚、寒冷等。太极的理论基础是，世上万物没有一成不变的。换言之，当事物兴盛到极点后，就会由盛转衰，化为"阴"，而衰到极端的时候则转入盛，此为"阳"，盛是引起衰的原因，反之亦然。整个过程是一个盛衰交替，不断重复的过程。由此可以看出阴阳两种力量，虽然它们表现出的是矛盾的两个方面，事实上却是相互依存的。换个角度讲，阴阳是统一不可分的。两者不是相互排斥，而是相互配合和更替。

阴阳原理在武术中的运用体现为"和谐法则"，它旨在告诉我们：对于对手的力量不要顽抗，而要顺势而为。凡事发乎自然，更重要的是顺其自然，不要刻意或勉强为之。当甲对乙施加"阳"的力量时，乙不必以蛮力来抗击它，也就是说乙不应该以"阳"克"阳"，而是应该以柔克刚，顺应甲的力量。当甲的力量发挥到极限的时候，"阳"即开始转为"阴"，乙则在其力道将竭之际，发动力量（阳）来反击对手。这样，所有的动作过程纯系发乎自然，而非竭力为之。乙只需顺着对手的来势做出和谐、连贯的配合，不用负隅顽抗或竭力挣扎。

我还联想到另一条与此密切相关的法则，即"清静无为"。这一法则告诉习武之人：应该忘掉自己，并将自己的力量融入对手发势、变势的动作中。不要先发制人，要随着对手的招式变化而做出相应地动作。总之这一法则的基本观点就是通过后发制人，借力打力来击败对手。这也是习武之人从不自以为是，不贸然出手，不和对手正面交锋的原因所在。一个武艺高超的人在受到攻击时，不会急于对抗，他会随着对手的招式来回摆动，以此控制对手的攻击。这一法则也体现了非暴力不抵抗的原则，如同厚雪积压下的参天松柏，在大雪的重压之下树枝会很容易被折断，但纤细却柔韧的芦苇却能够以柔克刚，在重压之下不弯不折。孔子注解的《易经》也教导我们："当我们身处急流之中时，必须要审时度势，顺应潮流。"在道家经典《道德经》中，老子也向我们指出了柔的价值。与日常人们所想的恰恰相反，"阴"这种柔软、顺从的力量与人的生命与存在关系更为密切。有时屈从可以让人在困境中生存下来；"阳"则恰好与之相反，它表现了一种强硬和坚硬，它往往与富有活力、强悍的特点相联系，往往会使一个人在某种压力下崩溃，此即所谓"纯刚易折"（下面最后两行对其含义做了一番贴切的描述）：

> 人之生也柔弱，其死也坚强。
> 草木之生也柔脆，其死也枯槁。
> 故坚强者死之徒，柔弱者生之徒。
> 是以兵强则灭，木强则折，
> 强大处下，柔弱处上。

——《道德经》

功夫中动作的变化与头脑的反应是一致的。事实上，训练头脑就是为了支配身体动作，身随意念而动。因为头脑指挥着身体动作，所以控制头脑显得非常重要，但这绝非易事。格伦·克拉克（Glen Clark）在他的著作《运动的力量》（*Power in Athletics*）中提到了情绪对运动的影响。他是这样说的：

> 每一个冲突焦点，每一种外在的情感都既有破坏性，又分散精力。它打乱了人的自然节奏，降低人的整体效率，它比体力的损耗更让人筋疲力尽。摧毁人内部节奏的情绪有：仇恨、嫉妒、欲望、妒忌、自傲、虚妄、贪婪和恐惧。

要想更好地演练功夫中的每招每式，就必须要放松动作，在放松形体之前，应首先使意念和精神放松下来。为了做到这一点，习武之人必须保持一种静谧与平和的心态，即掌握好"无心"原则。"无心"并不意味着大脑一片空白，而是指摒弃了所有的情感。它也并非简单的心平气和，尽管沉着冷静也十分重要,但"无心"的主要原则是思想的无欲无求。习武人能让自己的意识成为一面镜子,它一无所有,但又包罗万象;它接纳一切,但又一无保留。正如艾伦·瓦兹(Alan Watts)先生所说,无心是"一种整体的状态,那时思想能随意简单地运作,不受潜意识或自我意识的影响"。

他的意思就是,让思想随意,不受潜意识或自我意识的干涉。如果思想能随意漂流,在其运转时就不会有任何阻滞。阻力的消失也就是潜意识的消失。凡事都不要刻意而为,每时每刻让一切顺其自然,既来之,则安之。因此,无心并不是没有情感和感觉,而是一种感觉没有阻滞的状态。它可以抵抗任何情绪的影响。"就像河流一样,万物永无停息地流动着,不会休止,不会静止。"就像我们有时用眼睛去看东西,实际上是一种视而不见、眼中无物的状态。非意识就是像我们那样用眼睛一样去支配思想。老子的追随者庄子说过一段大意如下的话:婴孩每天看东西,眼睛一连眨都不眨,是因为他没有聚焦于特定的物体。他走动时不知道自己要去哪里,停下来也不知道自己要做什么。他将自己与环境融为一体。这是心理健康之道啊。

因此,在功夫中注意力集中,并非是指通常的集中全部精力在唯一的目标上,而仅仅是对外界随时可能发生的事件,保持一种静态的警觉。这种精力的集中就好像球迷在观看一场足球赛时,并不会只关注某个队员,而是关注整场比赛发展的态势。同样,习武之人在格斗中,也不会将注意力集中在对手的某一身体部位上,特别是当他遇上很多对手时。举个例子,如果十个人袭击他,一个接一个想上去打倒他。他解决一个,就转到另一个,根本没时间让脑子缓一缓。不管他一拳接一拳打得有多么迅速,他也不能在两者之间停下来,在这种情况下,这十个人才得以一个接一个地被击败。只有当思想能毫无阻滞地从一个转到另一个时,这样的成功才有可能发生。但是如果思想不能以这种方式思考转动,那么肯定会因为某两次攻击之间的冲突而招致失败。

思想无处不在,因为它并不依附任何事物。思想之所以能保持无处不在,是因为当它想到这个或那个事物时,并不会受其牵制。思绪的涌动就像是池水灌满池塘,仿佛随时都会溢出来。因为水是自由的,所以它有着取之不竭的能量。因为水是空虚的,它才能接纳万物。因此,张成智(音译 Chang Chen Chi)把这样的情形比作"宁静的自省",他在《习禅》(*the Practice*

*Of Zen*)中写道:"宁静意味着无思无虑的平和,自省意味着生动清晰的意识。因此,宁静的自省就是清晰地意识到无思无虑的状态。"

就像先前提到的那样,习武之人旨在让自身和对手之间能够和谐一致。实现和谐一致不需要通过武力,因为武力会引起更大的冲突和反抗,我们需要采取的是一种柔顺的态度。换句话说,习武之人要去推动对手自发性的发展,而不应冒险用自己的行为来干涉对手。他放弃了所有主观感受和个性,忘记自己的存在,随着对手动作而动。在他的意识之中,他和对手已经是相互合作,而不是相互排斥。当他个人的自我意识和有意识的努力屈服于他者的力量时,他就达到了"无为"的最高境界。

"无"的意思就是"不"和"没有",而"为"的意思就是"行动","做","奋斗","竭力而为",或"忙于什么"。"无为"并不是真的什么都不做,而是明心见性,要让自己的思想自由流动,完全不受任何内在或外在的干扰。功夫里的"无为"意味着自然而然的动作,或是意向行为,主宰力量的是思想而不是感官。在格斗中,功夫高手都忘记自己的存在,而随着对手动作而动。他放弃了所有的自我反抗意念,而采取了一种柔顺的态度。他将意念放松,使动作解除了包袱。而一旦意随念生,动作也会随之启动,立即展开对敌人的攻击。但是一旦停下来思考,他的动作就会受到阻碍,这时,他的对手就能马上打倒他。因此,凡事都要发乎自然,绝不可刻意或竭力而为。

我们通过"无为",达到了一种泰然处之的境界。就像庄子指出的那样,这个被动的获得,将使习武之人从奋斗和竭力而为中解放出来。庄子和列子说过这样二段话:

> 圣人之静也,非曰静也善,故静也。万物无足以挠心者,故静也。水静则明烛须眉,平中准,大匠取法焉。水静犹明,而况精神!圣人之心静乎!天地之鉴也,万物之镜也。夫虚静恬淡,寂寞无为者,天地之平而道德之至也。故帝王圣人休焉。休则虚,虚则实,实则伦矣。虚则静,静则动,动则得矣。静则无为,无为也,则任事者责矣。无为则俞俞。俞俞者,忧患不能处,年寿长矣。夫虚静恬淡,寂寞无为者,万物之本也。

《庄子·外篇·天道》(四)

在己无居,形物其著。其动若水,其静若镜,其应若响。故其道若物者也。物自违道,道不违物。

《列子·仲尼篇》(五)

在习武之人看来,自然现象中最无为的就是水:"天下莫柔弱于水,而攻坚强者莫之能胜,以其无以易之。"这句摘自《道德经》的话向我们说明了水的本性:水是如此纤细,以至于没法捧住一把;打它,它不会疼痛;戳它,它也不会受伤;割它,它也不会分开。它自己无形,它的形态是由盛载它的容器决定的。受热变成蒸气后,虽然无法看见,但它的力量却足以使地球天崩地裂。冰冻起来,它能结成巨大的冰山。它一会儿像尼亚加拉大瀑布(Nigara Falls)一样汹涌澎湃,一会儿像宁静的池塘一样平静无声。它时而像一个湍急可怕的急流,时而像炎热夏日里的泉水那样,令人心旷神怡,如饮甘泉。这也就是"无为"的原则:

江海所以能为百谷王者,以其善下之,故能为百谷王。是以圣人欲上民,必以言下之;欲先民,必以身后之。是以圣人居上而民不重,居前而民不害。是以天下乐推而不厌。以其不争,故天下莫能与之争。

——老子《道德经》

这个世界上人熙来攘往,不少人希望出人头地或造出点声势来。他们想力争上游,出类拔萃。这种抱负对于习武之人来讲并不适用,习武者应抛弃所有自以为是、争强斗胜的心理。《道德经》说:

企者不立;跨者不行;自见者不明;自是者不彰;自伐者无功;自矜者不长。其在道也,曰馀食赘形,物或恶之,故有道者不居。

知者不言,言者不知。塞其兑,闭其门,挫其锐,解其纷,和其光,同其尘,是谓玄同。故不可得而亲,不可得而疏;不可得而利,不可得而害;不可得而贵,不可得而贱。故为天下贵。

——老子《道德经》

一名优秀的习武者,根本不应该有骄傲自满的情绪。《激情心灵状态》(*The Passionate State of Mind*)的作者爱里克·霍夫尔(Eric Hoffer)说:"骄傲会使人产生一种优越感,这种优越感并不是与生俱来的。"在他人眼里,骄傲强调的是个人的优越身份或地位。骄傲还会产生恐惧和不安全感，因为当一个人十分渴望获得他人的尊敬时，他会不知不觉地产生一种恐惧心理，害怕失去目前这种高高在上的地位。于是，如何保护现有的身份和地位，就成了他最迫切的需要，这会使他感到焦虑不安。霍夫尔先生进一步指出，"自己的能力越弱，希望越小，就越需要自豪感。当他想象出另一个自我，并认同这个自我时，他就会有一种骄傲感。骄傲实质上是一种自我否认。"

当我们知道习武的目标在于自我教化时，便会了解"内在的自我"才是一个人真正的自我。因此，为实现真实的自我，习武者并不依凭他人的观点而生活。由于他们完全独立，所以不必担忧不被他人尊重。他们真正的追求在于不断地充实自我，他们的快乐之源不依赖于他人的外在评价。功夫大师与初学乍练的后生小辈们不同，他们的优点是自制，保持平和与谦逊的心态，没有一丝一毫想要炫耀的欲望。通过不断的磨练，他们在精神上最大程度地放松自我，进入更加自由的天地。对于他们而言，荣誉及地位被弃之如粪土，一钱不值。

所谓"无为"就是"无矫饰"的艺术，"无原则"的原则。就功夫本身来看，真正的初学者根本不知道怎么防御、拦截和攻击，更不知道怎么理解自我。当有敌人攻击时，他会本能地去抵抗，因为他只会这么做。但是，一旦他开始接受训练，他就会知道如何防御和攻击，该在哪里用心，以及该在哪里运用其他的技巧——这会让他的思维在某些时刻停顿一下。因此，每当他企图攻击对手时，他都会感到某些异常的阻碍（因为他失去了最初天真无邪和自由自在的心态）。但是日复一日，年复一年，当他的技艺越发精湛，他身体的反应以及掌握技巧的方法就会越来越接近"无心"的状态，他会再一次回到他习武之初一无所知的心态。起点和终点互为邻居。在练习乐谱时，你可以从最低音唱到最高音，但此时人们会发现，最高音就在最低音的附近。

以此类推，当习武之人到达了"道"的最高境界，就会变得像一个对"道"一无所知的傻子一样，忘掉了所有学过的东西。此时智力上的精心算计没有了，剩下的只是"无心"的非意识。当武功臻于最高境界时，身体和四肢都能自发运作，自行其是，不需要意识的干涉。技术是如此的自发自动，以至于能完全摆脱有意识行为的枷锁。

中国和西方的保健运动可谓大相径庭。其中最大的差别就是，中国注重韵律节奏，而西方则注重活力和力量。中国的体育锻炼寻求与自然的和谐融合，而西方追求控制自然。中国人认为，练武可以修身养性，是一种生活方式；而西方人认为，它仅仅是一项运动或健身体操。

中国养生和西方之间的最大差别就在于，中国的养生"贵柔"，而西方的"贵刚"。我们可以把西方的特点比作一棵大橡树，笔直、坚硬、迎风挺立。当风越刮越大，橡树就会"咔嚓"一声被折断。相反，中国人的心灵像竹子一样，顺风而低头弯腰，当风平浪静时候，竹子又反弹回来，伫立得比以前还要挺拔。

西方的保健实则为不必要的浪费精力。它过分依赖和使用身体器官，因此对健康危害很大。而中国的保健则注重能量守恒的法则，总的原则是缓和适度，而非走向极端。中国人的所有运动，都由一些和谐的动作组成，以此来使生活有规律，而非刺激个人的体能系统。它以精神上的养生之道作为基础，唯一的目的就是带来心情的平静缓和。在此基础之上，它旨在增进呼吸过程和血液循环等的正常运转。

## 1.2 功夫：东方艺术的核心

作为东方自卫艺术的核心，功夫是一门哲学艺术，它不仅能够帮助人们强身健体，陶冶心智，还为我们提供了一种最有效的自卫之术。

功夫哲学的基础是道家和禅学的主要哲学思想——最理想的状态不是将对方的力量打垮，而是要与之协调配合。就像庖丁解牛一样，为了保护他的刀，他会沿着骨缝切割。同理，习武之人会随着对手的动作而动，以保护自己不受伤害。

功夫的含义是通过"规则"和"训练"达到终极目的——强身健体、陶冶心智和自我保护。自己和对手之间并没有区别，两者是相辅相成的整体，而不是对立的两部分。二者之间不存在征服、争斗或是控制。功夫的意思就是要将自己的动作协调地"融"入对方的动作中。他进，你就退；他退，你就进。因此，进退伸缩互补，反之亦然，两者相生相克，互为因果。

在无休止的一次次相互作用的动作中，柔与刚是一股不可分离的力量。如果一个人想要骑自行车去哪里，他不可能同时蹬两个踏板，也不能一个都不蹬。为了前进，他必须在蹬着一个踏板的同时放松另一个。所以前进的动作必须在这种蹬与松的"统一"下才能完成。因此，仅靠柔的力量是不能永远抵抗强力的，同样，仅有蛮力也不能制服对手。要想在搏击中取胜，必须将刚和柔作为一个整体，刚柔并济；时而以刚为主，时而以柔为主，两者要像波浪一样，此起彼伏。这样动作才能如行云流水，因为动作真正的流动性在于其相互交替。

因此，无论柔或者刚，都只不过是整体的一部分，而这个被焊接起来的整体才构成了真正的武术之"道"。在运动中要避免姿势过刚和僵硬。最僵硬的树木往往最容易被折断，而竹子和柳树却能够通过随风摇摆而存活下来。这就是为什么功夫之人柔而不屈，刚而不硬。形容功夫的最好例子就是水。因为它的柔，水能够穿过最坚硬的花岗岩。没有人能够刺破或打破水，让它受伤，因为你永远无法征服一个不作出抵抗的东西。

在实际运用中，功夫以简单为根基。它是四千年千锤百炼实践的结果，极其精密、复杂。所有的技巧都已蜕去了冗余和修饰，直指最基本的目的。一切动作都是直截了当的，既简单，又符合人的逻辑和常识。以最少的动作和最小能量，来表达最大的内容。

俗话说"流水不腐"，强身健体之道也同此理。其含义是说，不要揠苗助长，操之过急，或过度用力，而是要使身体的功能保持正常运作。

## 1.3 理解功夫

功夫是一种特殊的技巧，是一门精巧的艺术，而不是体力活动。这是一种必须使思想的精华同技巧相配合的精妙艺术。功夫的原理不是可以学得到的，它像科学一样需要寻求实证，再由实证中得到结论。功夫必须顺其自然，要像花朵一样，摆脱感情与欲望的羁绊，从思想中绽放出来。功夫原理的核心就是道，也就是宇宙的自然性。

在经过四年严格的功夫训练之后，我开始了解和感觉到柔能克刚的道理——即通过中和对手力道的影响来减少自己的能量消耗。这一切都要气定神闲，不刻意强求。话听起来很简单，但实际做起来却很困难。

一旦和对方交上手，我的思想就方寸大乱，心神不定。尤其是在与对手一阵拳脚过招之后，我就忘了柔的理论。唯一想到的只是不管怎么样我都要击倒他获得胜利！

我的老师叶问先生是咏春门派的第一高手。他经常告诉我："小龙，放松一点，定下神来。忘掉自己，跟随对手的招式，让你的脑子不受任何思想的干扰，心平气和，本能地去反击。最重要的是，要学会超然。"

"这就是了！我必须放松自己。"不过就这样我又在运用意志力了。就是说，在我讲我必须放松自己的时候，这种要达成"必须"的念头，已经与"放松"的定义相违背。也就是说，我不能人为故意地去放松。

当我的自我意识越来越强烈，越来越明显时，也就是达到了心理学家所说的心理的"双重束缚"之时，我的师傅又过来告诉我说："小龙，让自己顺乎自然，而不要加干涉，才能保存你自己。记住，绝不要让自己逆抗自然；不要直接去对抗难题，而要学会因势利导、顺势去控制它。这个星期不要再练了，回家去，好好想一想。"

那一个星期，我留在家里，沉静下来用心冥想了好几个小时。练了好几回之后，我决定放弃练习，乘船出海。在海上，我回想起我所接受的训练，跟自己生起气来，就用拳头猛击大海里的水。就在那一刹那间，我突然悟到了——"水"这种最普通的物质不正是说明了功夫的本质吗？不正是反映了功夫的真谛吗？我用拳头打水，可水并不感到痛。我再用尽全力打下去，水也不会受伤。我想去抓它一把，可是却不可能。水，是世界上最柔软的物质，可以装在最细小的容器中，显得那么柔弱。但事实上，它却有着能够穿透世界上最坚硬的东西的力量。这就是了，要想练好功夫，我得效仿水的本性。突然有一只小鸟掠过水面，它的影子倒映在水里。就在那一瞬间，水的另一层隐秘意义跃进我的脑海。当我站在对手面前时，我那些思想和感情不也像小鸟在水上的倒影一样吗？这正是叶问师傅所说的"超然"的意思。在对手面前，不是说要全无感情或感觉，而是要让你的感觉不受滞带或阻碍。所以如果我想控制自己，就必须要以顺乎自然的本性接受自己。

我躺在船上，觉得自己已经与"道"为一，与自然浑然一体。我只是躺在船上，就让船自由自在地顺水漂流着。因为在那一刻，我已经获得一种内在的感悟。对手的力量对我来说不是相互排斥，而是相互增益，在我的思想中再没有矛盾之感。在我的眼里，整个世界都连为一体了。

## 1.4 功夫的悟

功夫之所以如此特别，正是因为它没有任何特别之处，它仅仅只是靠最少的招式和力量来直接表达一个人的情感。每个动作都是它自身的，不掺杂任何使其复杂化的人工修饰。越接近功夫的真谛，冗余的表达就越少。

功夫不需要漂亮的西装和配套的领带。当我们焦急地寻求精准、致命的技巧时，它还存在一些秘诀。但是如果习武者将注意力放在"看"和"搏"上，就可能会错过这些秘诀。（毕竟，用不过分偏离自然的招式，来对付对手的方法又有多少呢？）功夫看重平凡中的奇迹，而这个观念是与日俱消，而非与日俱增的。

功夫中的明智，并不意味着要去增加更多东西，而是要祛除过分复杂和装饰性的东西，简简单单就好。就像在雕刻塑像的时候，雕塑者不会在塑像上增砖添瓦。而是一开始就把非本质的东西凿掉，这样本质才可以毫无阻碍地再现于观者面前。功夫只要一双手，不需要那些花哨的装饰和手套，他们只会阻碍双手的正常功能。功夫修为越高，越趋于质朴无华。而越是境界不够的人，就越喜欢装饰自己。

功夫的修炼有三个阶段：初级阶段、艺术阶段以及"无艺术"的阶段。在初级阶段，习武者对武术中的搏击艺术一无所知，天真无邪。在搏击战时，他只是本能地防御和攻击，而不知道什么是对，什么是错。尽管他不懂什么是科学搏击方法，但他显示出的是本真的自己。

第二阶段是艺术阶段，也就是功夫训练的开始。有人会教他各种各样防御和攻击的方法，各式各样的踢腿、步法、移动、调整呼吸以及思考问题的技巧。毫无疑问，此时他对搏击有了一个科学的认识，但是遗憾的是，他同时也丧失了本真的自我以及自由的感觉。他的动作不再自然，他的思想也往往会在不同的动作之间，停下来思索和分析各种动作是否正确。更糟的是，他可能会被智力所束缚，而让自己游离于真实之外。

第三阶段，"无艺术"的阶段。经过多年严格而艰难的训练之后，他意识到，功夫终究没什么特别的，他不会再强迫自己去想招式，而是像压在土墙上的水一样，调节自己去适应他的对手——从最细微的裂缝里流过。这时他只要像水一样无形且漫无目的即可，其他什么也不用去做。没有任何事情掌控着他，他因此也就获得了自由。

这三个阶段同样适用于中国功夫的各种招式，有些招式十分简单，只是基本的防御和攻击，但从整体上而言，这些招式的组合缺少连贯和变化，比较粗糙。而从另一方面来讲，有些更复杂的招式，又太过注重装饰，习武者往往因为动作的优雅和花哨而忘乎所以。不管是所谓的硬派还是柔派，都常常涉及大量的花哨动作。他们往往会用一大堆复杂的进退步法，去攻击一个目标。（这如同艺术家在画完一条蛇之后，还要添上漂亮的脚一样——画蛇添足而已。）

举个例子，被对手抓住领口的时候，那些受过训练的人都会"先这样，再那样，最后那样"——然而，最直接的方式就是，让对手沉浸在抓住领口的愉悦之中（不管怎样，他确实抓住了），然后直截了当地一拳打向他的鼻子。对于想追求与众不同的武术家来说，这也许有点太不精明了，因为它太简单，可以说毫无艺术感可言。但正是因为它如此平常，才适合我们在实战中运用。

艺术是对自我的表达，方法越复杂越有所限制，表达原始自由感的机会就越小。尽管技术在早期扮演着重要的角色，但它也不应该太复杂、太局限或太机械。如果我们受它的牵制，我们就会被其局限性所累。

记住，要让人去创造方法，而不是让方法去创造人，所以不要把自己束缚在别人预想的招式之中。毫无疑问，他的方法适合他，但却不一定适合你，你自己是要展现技巧而非"做"技巧。事实上，并没有什么"行动者"，而只有行为本身。当有人袭击你时，你所使用的并非特定的招式（招式二，或者招式四），而是当你察觉对手的袭击时，你轻轻一闪，如影随形，像回声一样自然而然地就做到了，就像我叫你时你会答应，或是我扔东西你会接住一样。

　　多年来，在接受了不同门派的训练之后，我发现，那些招式仅仅是为了让训练者知道，他学的招式已经够多的了。当然不同的人会有不同的偏好，因此，我也会兼收并蓄地吸收南派和北派功夫的各种招式，仔细观察比较他们的不同之处，运用的动作的相似之处。

　　李小龙有一个真正卓尔不群的特点是,他在将所学知识内在化或生活化的同时,还能传播他的学习过程。众所周知,李小龙不仅仅是一位战无不胜的搏击高手,还是一位出色的功夫教头。在本章中,李小龙为我们讲授了很多入门级功夫知识,武术初学者可通过本章寻觅到踏上武术之路的正确方式。无意习武的人,也可通过学习本章知识掌握基本的

## 第二章
# 功夫入门

防身技能。

李小龙对功夫的看法颇具独到之处,他认为学习功夫不应该注重花哨的招式和人为的技巧。这样他们就扭曲和限制了练功者,使他们无法专注于真正的格斗理念。事实上,实战的方法是非常"简单"、"直接"和"非经典"的。

## 2.1 教你自卫

如果被流氓恶棍袭击，你会怎么做？你会坚决抵抗，与他决一雌雄吗？或者，如果你能原谅我这样说的话，你会拼命地逃跑吗？但是如果你和你心爱的人在一起，你会怎么做？这才是最重要的问题。

只要拿起报纸，你就会知道自卫的必要性。袭击事件不仅仅发生在那些偏僻的地方，还发生在那些建筑物密集的地区。"凡事预则立，不预则废"，"未雨绸缪"这个成语还是很有道理的。我的这些关于自卫的笔记，不仅仅是要为你们打预防针，也是为了让你们了解一些对付暴徒的实际知识，不管他有多壮多高，这些知识都非常实用。

### 自卫小招

自卫不是什么儿戏，你可能会拼命孤军奋战，保护自己免受重伤。我将要阐述的自卫方法不能确保你不受伤，但是它能给你一个很好的机会，让你能够取得胜利，而不会受什么重伤。你必须要接受的一点建议是，如果对手的攻击势如破竹，你就有必要先忘却疼痛——至少这时应该这样做。这不是放弃，而是让疼痛激励自己，作出反击，去获得胜利。记住这一点，被流氓恶棍袭击的时候，要想到他只会思考一样东西，那就是一心一意地要击垮你，打败你，他几乎不会考虑你会做出什么反应。如果你的行为出乎他的意料，他就会丧失一大半的自信。这会让他的袭击变得无力无效，在这种情况下，你就会占有心理优势。

这也许听起来不是很鼓舞人心，但如果你一直保持警惕的话，特别是在一个人走夜路或者走在偏僻地方的时候，被袭击的可能性就会大大减小。要当心任何一个跟踪或是接近你的人，最好走在道路的外侧或小路的中间。

注意聆听接近的脚步声，观察靠近的身影。当你经过街灯的时候，你可以看见任何你后面的人投射在地上的影子，房间里的灯以及过路的车灯也会有同样的效果。在这些情况下，一看到影子，立即四周瞧瞧，看看是谁在跟踪。当然，也要避免一直走在阴暗区域。

走在铺砌好的安静街道上时，注意一下，要走在人行道的外侧，这样如果有人冲出房子或公园入口，来抢你的钱包、皮包或箱子，危险就减少了许多。同样，在没有柏油碎石铺砌的道路和没有路灯的地方，我建议，走在路中间。如果你认为可行的话，你甚至可以穿过马路，躲避某个嫌疑人。如果他在跟踪你，这样至少会让他暴露目的。尽管我是在重复，但还是必须强调，一个恶棍袭击能否得手，主要靠出其不意地突然袭击。如果你有足够的警惕性，便可以防止他突然袭击，你的防御也就成功一半了。而最主要是，当你看见袭击来临的时候，你一定要叫喊，尖叫，不要仅仅集中注意力来对付那个袭击者，忘了求救。这时你可以制造尽量多的噪音，因为它可能会吓走那些违法者。

我希望，我没有吓到你们，也没有让你们觉得走在街上随时都会遭遇危险。这当然不是我的目的，但是大量的新闻报道让人们相信，无辜人受袭击的案例在日益增加。

## 自卫的基础

自卫只有一条基本原则，就是必须尽快运用最有效的武器，去攻击敌人的致命弱点。尽管我说自卫只有一条基本原则，但在这里最好还是把它分成几个小部分讲，以便我们更彻底地来审视研究它：

1. 什么是最有效的武器
2. 速度
3. 攻击点或反击点

**武器** 如果有选择的话，我总会用脚，因为它比胳膊长，能给予更致命的袭击，也更有力量。所以，如果有人接近你，即使他在你出腿的同时出拳，你也能先踢到他。

**速度** 你没有时间考虑用何种武器。很明显，如果你没踢到他，他的拳就比你先一步，那么防御也就无用了。只有经过训练，我们的防御才能有效果（我能这样帮你）。如果你认为不值得花几分钟去进行这样的训练，认为被攻击的可能性很小，你就是在鼓励那些恶棍。如果有危险发生，就没人能帮你了。

**反击点** 被恶棍袭击时，你的对手的容易被攻击的弱点就是双眼、下腹和膝盖。

## 2.2 进攻和防御中的心理学

个头大小并不是衡量肌肉力量和攻击有效性的真正指标。小个子有更大的灵活性、敏捷性，还有迅速移动的脚步和精力充沛的动作，这能弥补他们体力上的不均衡。

在与人格斗时你要谨记上面这一点，不用管他是什么体型，你只要尽力破坏他的身体平衡就行了。你要比他移动得快，绝对不要在意他的体型、狰狞的面孔或是恶毒的语言。你的目的是攻击对手的弱点（主要是重力引起的），运用杠杆原理打破他的平衡性，这样，他的身体、四肢都会导致他最后的失败。"他们的体型越大，摔得就越惨。"

当你赤手空拳与敌人搏斗时，必须学会运用自己的头、膝、脚和手。"挤"的动作让你能够运用身体的某些部位，特别是你的肘。与对手对抗时，有一个很简单的方法，就是踩在对手的脚上，这样会有意想不到的结果。还要记住，袭击你的恶棍只会思考一样东西，那就是打败你，他几乎不会考虑你会做出什么反应。如果你的行为出乎他的意料，你就会占心理优势。

有了效率之后，你才能有信心，才能自立。

## 2.3 怎样选择武术导师

对于要学习武术的读者，我真诚地建议，对所见的只能相信一半，对所闻的则绝对不要相信。

在接受武术导师的授课之前，先要弄清楚他的教授方法是怎么样的，并请求他演示一下一些技巧是怎么运用的，再运用常识来判断他适不适合教你。如果他能说服你，那当然就可以继续练下去。

怎样判断一个武术导师的好坏呢？或者换句话来说，怎样判断一种方法，或者一种套路的好坏呢？毕竟，你不能马上学会导师的出击速度或力量，但可以评价他的技巧。因此，需要考虑的是这套功法的合理性，而不是导师。武术导师仅仅是指一下路，让他的学徒意识到，自己才是唯一能赋予这套功法真实感觉和真实表达的人。

这套功法不能是机械复杂的，它要简简单单，没有任何"神奇威力"。这套招式（最终会变为无招）就是为了提醒习武之人他不需要做太多多余的工夫。招式并没有什么神奇威力，也没有什么特殊的怪招。它们仅仅只是用简单的形式，来表达深奥的常识道理。

但是，不要去钦佩武术导师的一些特别的本领，比如，赤手破砖、胸口碎大石、铁臂功夫、行走如飞等。记住，你不可能学会他的能力，但是你能学会他的技巧。无论如何，赤手破砖、胸口碎大石或飞檐走壁的轻功都只能算是中国功夫的一些花哨的特技，最重要的还是基本功。

肉掌破砖和打人是两件不同的事情。不管打在哪里，砖都不会闪避，但人会闪躲，因此也就分散了攻击的力量。如果一个人不能学会他的武术导师所谓的"必杀技"，那跟他学武还有什么用呢？另外，砖和石头既不会移动，也不会反击，因此，就像前面提到的那样，需要考虑的是整套方法，它不能是机械、复杂、花哨的，而仅仅是简简单单的。

如果那个大师不愿向你展示他的招式呢？如果他太"谦卑"，对他的"绝杀"秘籍不肯透露一点风声呢？关于东方的谦卑和神秘，我希望读者能够了解，虽然得道的武术大师从不会夸耀自己，也不会将功夫轻易外传，但这也改变不了他们只是普通人这一事实。他们当然不会花十年、二十年或三十年的时间研习武术，却绝口不提他们的习武心得。就连那个写了"知者不言，言者不知"的《道德经》作者老子，也写了五千言来解释他的理念。

为了被人看成高水平的人，著名的大师、教授和专家（特别是在美国）都很寡言，他们肯定是掌握了东方谦卑与神秘的最高法则，因为看起来明智，

绝对比明智地谈话要简单得多。（当然，想要表现得明智当然更难了。一个人越想让别人肯定自己的价值，就越会缄口不言。因为他一旦开口或行动，人们就会相应对他作出评价。）

玄而又玄的神秘东西永远是最有魅力的，15级红带选手或超级专家以及著名的大师都知道如何保留一层神秘的面纱。有一句中国的老话说的就是这个道理："沉默是无知者最好的掩饰和保护壳。"

## 2.4 刚柔并济

我多次听到各个门派的武术导师宣称：他们的轻功招式毫不费力，使用力量对他们来说是个丑陋的词。只要他们愿意，动一个小指头，一个三百多磅重的大汉，就会被他们抛向空中。

我们必须承认的是，力量（尽管以受限制的方式被使用）在搏斗中是很必要的。盲目、没头没脑地去袭击对手是不可取的（即使一个足球阻截队员也不会那么做）。另一方面，有些武术导师声称有了他们的超级秘籍招数，就可以战无不胜，无坚不摧。我们必须再一次清醒地意识到，一个人应该像竹子那样，在急风暴雨中，随风前后摇摆，以化解强风的袭击，这样他才能生存下来。

所以不管柔或刚都只能控制住一个分裂整体的一半，而只有把他们结合起来，才能形成真正的功夫之道。柔与刚是一对相互作用的、不可分割的力量。在本质上，刚柔并济才是一个整体。或者可以说，它们是一个不可分割整体的两个共存的力量。

如果一个人想要骑自行车，他不可能同时蹬两个脚踏板，也不能一个都不蹬。为了前进，他必须在蹬着一个踏板的同时，放松另一个。所以前进的动作必须在这种蹬与松的"统一"下才能完成。蹬是松的结果，反之亦然，一个是原因，另一个是结果。这样动作才能如行云流水，因为动作真正的流动性在于其内部的交替性。

任何习武者都必须考虑到，刚与柔同等重要，且相互依存。所以不管否定柔还是刚都可能会导致二者的分离，而分离会导致极端，甚至走火入魔。

柔和刚是不可分离的，他们既相互补充，又相互对立。而在它们融合之后，便形成了统一的整体。要千万记住这一点，如果你不偏袒刚或柔任何一方，你就可以真正欣赏到它们各自"好和坏"的一面。刚和柔并不需要权衡，它们是构成真正"功夫之道"的统一体。

## 2.5 我对功夫的看法

一些武术导师看重形式，认为功夫的套路越复杂、越花哨越好。另一些着迷于超能力（像马维尔船长或超人一样）。还有一些偏好扭曲的手和腿，花了大量时间劈砖、石头和木板等。怪招迭出，不一而足。

对我而言，功夫的特别之处就是它的简单质朴。功夫仅仅就是以最小的动作和力量来直接表达自我情感。每个动作都有它自身的特性，不掺杂任何使其复杂化的人工修饰。最简单的方法往往是最正确的方法，功夫之道也不例外。越接近功夫之道的真谛，表达就越精炼。

在格斗练习中，很多功法都选择逃避面对面的实战，而是对编排一个个"花哨凌乱"的招式感兴趣，这样他们就扭曲和限制了练功者，使他们无法专注于真正的格斗理念。事实上，实战的方法是非常"简单"、"直接"和"非经典"的。他们看重的并不是事物的本质，而是一些花哨的套路和人为的技巧（这是"有组织的绝望"）。因此，他们不是为实战而练，而只是按照理想的模式操练一些关于实战的情景。更糟糕的是，有些人还一味地强调超级意念和精神上虚无缥缈的秘籍，让习武者无知地按照这套方法去做，结果使他们陷入茫然和诡秘的状态。这样，他们学的功夫有的像杂技，有的像现代舞之类的花招，但却都不是真实的格斗。

所有这些乱七八糟的方法都不能真正"抓住"或"控制"格斗中不断变化的招式，更遑论把对手当做尸体一样解剖和分析。真正的格斗不是一成不变的，而是"活生生的现实"。如此华而不实的训练方法，只能使人麻痹瘫痪，只会"固化"和"制约"曾经流动的、活生生的东西。当你摆脱了这些所谓精准、高级的东西之后，再回头看一看，这些机器人般的练功者都是在盲从他人，拼命学习那些系统而无用的固定招式和绝技。这样的训练，不但什么作用也没有，而且还会让人误入歧途。

　　李小龙曾经这样评价截拳道:"它是宁静灵魂之艺术,宁静得如同月光洒在深邃的湖泊上。"这对许多人来说听起来有点意外,即使是李小龙在美国奥克兰、西雅图和洛杉矶武术学校的徒弟,也感到有些吃惊,他们回忆起李小龙在教学中更强调有效的和不拘一格的实战,而不是对精神真理的追求。然而,李小龙上面所说的话并不仅仅是故作姿态,"为赋新词强说愁"地大发诗意。作为一个习惯用哲学头脑思考的人,李小龙一生对

第三章

# 截拳道之道

功夫、哲学、心理学甚至诗歌都有比较深入的研究，这在他创造一种新的武术形式中获得了充分的表现，其对博大精深的武术的理解在武术界很少有人与之比肩。

对人生的新洞见进一步影响到了李小龙对实战的态度。他的实战方法首次强调每个习武者的绝对自由，这在武术历史上还是首创。李小龙在1967年创立的截拳道（李小龙经常称之为JKD）是武术中的一个全新的方法，它主要产生于李小龙长期对运动学、生理学以及其他学科的科学研究。作为创始人，李小龙曾预见截拳道在全面实战中是一种简明、直接、有效的武术体系。1970年，一次偶然的脊背重伤（后期一直不见好转），使他几个月卧床不起。在此期间，李小龙不能坚持身体训练，但却让他有以前腾不出来的时间训练自己的思维。结果是他有机会深入成熟地思考人的各种条件，这些思考超越了平时仅仅停留在身体或实战领域层面上的问题。

李小龙开始寻找答案。他开始理解人类的各种行为方式，包括搏击的原因、人的动机目的以及人是怎样演进、成长和发展的。不仅如此，他还理解了所有人类日常活动的终极原因和目的。这种思考让李小龙看到了实战中各种各样的体系和方法存在的内在局限，包括他自创的截拳道也有局限。他开始预想，能不能创造一种"无法之法"、"无招式的招式"？这样习武者可以在运动中不受任何教条的羁绊，达到精神上的自由。

最终，李小龙认为，截拳道并不旨在有效地制服对手，而是有效地克制自己，以克服个人情感上的障碍、不安、恐惧和受压抑的情感。换句话说，它是摆脱自身情感上的羁绊，实现完整自我的表达方式。李小龙意识到，从别人那里是找不到苦口良药和帮助的，只有自己才能完全拯救自己。他作出了这样的结论："每个人必须上下求索以实现自我，这是师傅所不能传授的。"

在本章中，我们读到的是李小龙关于人的身体条件的评论和洞见。从介绍习武者在实战中应该熟悉的独具特色的手法开始，以论述人怎样才能获得精神自由为结论。本部分还介绍了李小龙第一篇公开发表的论文，其八易其稿的经历给人留下了深刻印象。这篇论文涉及他的新的信仰系统。最后一稿最终发表在1971年的《黑带》（*Black Belt*）杂志上，题目是"从经典的徒手自卫术中解放自己"。（非常巧合的是，这篇文章后来在美国加州一家名为奥哈拉的出版社出版的《李小龙传奇》（*The Legendary Bruce Lee*）中又重印，因为它见证了李小龙最后的思想演进过程，值得一读。）

## 3.1 截拳道：截击拳法之道

截拳道训练和控制我们通往格斗的终极目的。这一终极目的是回到人的最初自由状态，它简单、直接、不拘于传统。受过良好截拳道训练的人既不与力量作对，也不完全放弃抵抗。他会像弹簧一样灵活柔顺。面对对手的力量，他顺势而为，不正面冲突。他不固执于技法，而将对手的技法变为自己的技法。

面对瞬息万变的情形，练习截拳道的人应该能够适应具体环境，而不拘束于人为的机械招式。其行动应该如影随形，其使命就是顺其自然地完成"整体"的另外一半。

截拳道强调的不是"增"，而是"减"。不是与日俱增，而是与日俱减。训练的最高境界通常是返璞归真，只有半吊子的人才叶公好龙。因此，重要的并不是一个人积累了多少墨守成规的知识，而是如何将这些知识灵活地运用到实际中。"实用"绝对比"招式"重要。

我们要通过个人在不同境遇中的感觉理解截拳道，而不是通过一个孤立的过程。孤立意味着死亡。任何技法不管多么有价值，多么受人欢迎，如果痴迷其中，也会成为一种病态。

学习规则，遵守规则，然后将规则融会于心。简言之，进入一种模式而不受制于它，遵守规则，以达到从心所欲而不逾矩。

我的截拳道弟子们，请谨记这一点：所有固定的套路都缺乏适应性和灵活性。真理隐藏在所有的固定套路之外。水可以放入碗中成为碗的形状，放入杯中成为杯之形，它是如此地具有柔顺性、适应性、协调性！

当人们对这种艺术的把握日臻成熟，就会进入无形之形的阶段。就像冰溶于水，它能适应任何结构或容器。当一个人进入无形的阶段，无形就成为一切之形。当一个人没有风格，就可以适应所有的风格。

自由阶段最主要的含义是：所有的方法都成为他的方法，而不拘束于其一。同理，习武者可以运用任何技巧和方式，以实现其目的。效率是最起作用的。

一旦你了解到截拳道的真理，你就等于处在一个没有圆周长的圆心上，从而能够随心所欲而不逾矩。

截拳道协会会长 李小龙

## 3.2 截拳道：走向自我解放之道

过去海内外、特别是中国香港有大量有关截拳道的文章资料。但是，这些文章资料都没有触及截拳道的核心问题。的确如此，要准确描述截拳道"是什么"并非是一件容易的事，要说它"不是什么"，反而更容易。

为了避免撇开过程来谈一件事物，迄今为止，我自己也没有亲自撰文描述过什么是截拳道。在此文的开头，最好让我引用一则禅宗的故事：

一位非常有学问的人去拜访一位禅师，请教关于禅的问题。禅师说话时，有学问的人经常打断他，"我们也知道这些事"，诸如此类。最终禅师停止了谈话，开始为客人上茶。只见禅师把客人的杯子倒得满满的。"茶杯满了，不要再倒了。"有学问的人忍不住说。"是的，我知道。"禅师回答说，"除非你先空出你的杯子来，否则你怎么品茶呢？"

我希望我的武林同行以一种开放的心态阅读这个故事，将先入为主的偏见和结论置之一旁。这种行为内部有一种解放的力量——毕竟茶杯的用处在于它的空。

另一方面，你可以将此故事与你自身联系起来。尽管讲的是截拳道，但它也涉及武术家的（不仅仅是"中国"武术家）发展和成长。请始终记住，武术家首先是人，我们本身是人，武术不应该涉及种族因素。

**真实的观察，只有在放弃形式之后才可以获得；**
**真正的表达自由，也只有在制度以外才能发生。**

假如有几个人刚刚目击了一场搏击，而这几个人所受的实战训练的套路又不尽相同。我敢肯定事后，我们会从不同人的口中听到不同的演绎。其结果是可以理解的，因为没有人能看到一场搏击的绝对真相，因为自身条件的限制，不同的人对这场搏击会有不同的解释，不同的人还会从拳击、摔跤、空手道、柔道及中国功夫等不同的角度出发，所受的训练方法不同，见解也有差异。每个人的好恶不同，也会导致他们所描述的搏击情形是片面的，而不是整体的情形。就搏击本身而言，它是纯粹的，不受你描述的各种条件的制约，不管是中国的习武者，韩国的习武者还是其他类型的习武者。真实的观察，只有在放弃形式之后才可能获得。真正的表达自由，也只有在制度以外才能发生。

## 招式是某种倾向性的反应

在我们探讨什么是截拳道之前，让我们先了解一下什么是武术的传统招式。首先，我们必须意识到这样一个绝对事实：是人创造了招式。不同门派的创始人都颇富有传奇色彩，有聪慧神秘的和尚、梦中的密使、在金光照耀下的神灵显灵等。一种招式的原则和法则不像福音书中的真理一样不能被侵犯。人，活生生的人，远远比招式重要。

我们暂且这样说，一种招式的创始人可能接触到部分真理，但是随着时间的流逝，特别是随着创始人的离世，他的主张、意向和套路，被他的徒弟及追随者转化成法则。教义被创立，强制性的仪式被设定，理念被制定，最后体制被确立。那些一开始在创始人那里还不太确定的招式，现在却被固定下来而成为确定的知识，按逻辑顺序被组织和分类的反应，应对各种各样情况的灵丹妙药。如此一来，有着善良意愿的徒子徒孙不仅将这些流传下来的知识奉上神坛，也让他成为埋葬创始人智慧的坟墓。

如果我们诚实地研究实战中的实际情形，而不是按照我们的意愿去安排，我相信我们会注意到这样一个事实：招式需要修正，它也有偏激之处，我们甚至会怀疑、否定甚至批评它，作出大量的辩护。简言之，招式所提供的答案，正是问题的症结所在，它为我们的自然成长设置了很多限制和障碍，妨碍了我们真正理解知识。

另一派创始人或者是不满于现状的门徒，可能会组织相对立的招式作为对另一种真理的回应。例如，以柔克刚的风格，内功与外功的区别等。很快会有大批的人加入其组织，接着他们会制定自己的武术规则和固定的招式。每种招式都声称自己掌握着"真理"，这种排斥异己的做法，无疑会带来各门派的长期争斗。虽然人是宇宙万物之灵长，是整体的人，但是每一种招式都是带有偏见的个体风格的反映，因此，每一门派都有盲点，是有缺陷的整体。长期以来，对于各门派来说，招式比习武者本身更重要。更糟糕的是，由于思想观点不一致，各派招式相互对立，门派森严。结果，各派的招式各显其神通，不能团结一致。

### 真理不能被塑造或者被掩盖

如果一个人心存偏见，或者执迷于某种固定的招式，他就不能充分完整地表达自己。实战的"情形"是完整的，它包括那些在场的和不在场的因素。它没有偏好的线条、角度，不存在边界，总是充满活力和生命力。它并非一成不变，而是瞬息万变。实战不受个人好恶、招式、环境条件和身体状况的制约，虽然这些因素是整体中的部分。然而，恰恰是这种特殊的"安全套路"或"绝招"，妨碍了习武者的个人发展。事实上，许多习武者都热衷于这种"绝招"，好像没有它就不能走路一样。因此，任何专门的技巧，无论在传统看来是多么的正确或设计如何巧妙，如果痴迷其中，在实战中反而会成为一种致命的弱点。不幸的是，许多武林人士深陷其中，欲罢不能。这样的习武的人所要求的是，让师傅不断满足他们的特殊欲望。

### 什么是截拳道？

坦白地讲，我没有发明一种新的招式，或者说，我只是综合和修正了以前的一些招式，即对已有的明显套路和法则作了调整。截拳道并不是一种特殊的制敌方式，加上一些信条和方法。它并不是从某一个角度，而是从许多可能的角度观察实战。为了实现此目的，尽管截拳道采用了各种方法和手段，但它毕竟强调的是实效。因此截拳道不受制于这些方法，练习它的人从而获得了自由。换句话说，尽管截拳道从不同的角度考虑实战，它本身却不受任何一个特殊角度的制约。如前所述，任何套路在设计上不管如何有效，如果习武者执迷其中，就会成为其囚徒。

如果把李小龙的截拳道说成类似功夫、空手道、搏击的一种招式，甚至是李小龙风的街头斗殴，就完全没有把握其精髓，因为截拳道所教的不能被简化为一种套路。既然我们说截拳道既不是一种招式，也不是一种方法，有人就会说，有没有它都无所谓，它无足轻重。这也不是实情。截拳道既是"此"，又非"此"，它既不与任何招式对立，又不反对接纳任何招式。要全面理解这一点，请读者诸君接着往下读。

**不变的状态是以变应变**

各种各样的"专家"和"宗师"告诉我们，武术就是生命本身，也有不少哲学家和书斋中的研究学者发表对武术的各种高见。我想知道的是，他们当中有多少人真正理解武术。的确，生命并不意味着停滞、偏见和受限制的框架。生命是有节奏和无节奏的不断运动。生命也是不断变化的过程。

为了避免毫无目的地随波逐流，古今中外的许多武术宗师，把他们的幻想建立在固定的程式上，把流动的稳定下来，分解整体，组织精选招式，试图抓住自发性的一瞬间。环顾一周，你可以发现，现在的武术界有形形色色的招式演练者、技术艺人、麻木不仁地按照套路去做的机器人、传统的歌颂者，所有这些人都是绝望的组织者。

可悲的景象是，虔诚的弟子一板一眼地重复模仿招式，听着自己歇斯底里的喊叫声，追求精神上的狂热。在大多数情况下，师傅所教的各种手法让人眼花缭乱，徒弟需要全神贯注，一套动作学下来往往是前面学，后面忘。所以徒弟所学的只是按照招式机械地反应，而不是实战的反应。他们不再"倾听"实战的情形，而是"背诵"招式。在不知不觉中，这些可怜的大脑里装满了经典的垃圾。几千年来，徒弟们成为按照招式规范训练的"产品"。

**一指望月**

在完全实战中是没有标准的，因而表达应该是自由的。它所揭示的真理是，现实需要体验，要通过个体亲自去体验和实践，这条真理应该超越所有的招式和训练。还要记住，截拳道只是一个使用的术语，是载人渡往彼岸的渡船，一旦抵达彼岸就应抛弃，而不应该背负在肩。这些描述只不过是"一指望月"。请不要把指头当成了月亮，或者紧紧盯着指尖，而错过了欣赏美丽的夜空。指头的有用性在于指向照亮指头的明月，仅此而已。

## 3.3 截拳道的终极源泉

### 启　蒙

它是本真的自我，成为自我。现实性就存在于事物本质之中，这就是事物的本质性。因此，"本真"意味着意义——从最初意义上看，它自由，不受依附、限制、偏见和复杂性的羁绊。

### 道　德

它教导我们，一旦决定选择一条正确道路，就应该义无反顾。

### 哲　学

哲学把生死置之度外（截拳道并不是为了伤害，而是生命向我们敞开其秘密的一种途径）。格斗士总是一心一意，他眼里看到的只有一个目标：搏击。他既不瞻前，也不顾后。面对每一个动作，他需要排除一切障碍——不管是情感上的、体力上的还是智力上的。

一种生活方式、一种意志力或者控制力的系统，都需要通过直觉进行启蒙。

学习截拳道要控制意志力。

忘记输赢，忘记光荣和痛苦：让对手抓破你的皮肤，而你还击以重拳。让对手还击以重拳，而你打断他的骨头；让对手打断你的骨头，而你要他的小命！不要想着安全地退却，义无反顾，视死如归。

## 四肢（你的天然武器）有双重用途

1. 摧毁你面前的对手——消灭妨碍和平、正义和仁慈的一切事物。
2. 从自我保护的本能中（使你感到烦恼的任何事情），消除冲动。学习截拳道不是为了伤害或将某人致残，而是消除贪婪、愤怒和愚蠢。在这一方面，截拳道指向的是自身。

拳击和踢腿是消弭自我意识的工具，它们代表直觉或本能的直接力量。不同于智力或复杂的东西，它不会分裂自我，妨碍自我自由前进。四肢的使用会使人勇往直前，决不瞻前顾后。

这些工具是不可见的精神象征，它使心灵、躯体和极限保持活力。

## 遵守规则阶段（顺其自然阶段）

心理放弃某一点，而顺应一件事，就是对物体的依附。不要让你的思维僵化，要从正反两个方面去理解这一情形。

## 不动心的顿悟

不动心的顿悟实际上并不意味着一动不动，麻木不仁，相反，此刻心灵被赋予无限的活动空间。

不动心的顿悟可以摧毁幻想。"不动"意思是，不要被所见到的物体分心，不要停止思考。"一心一意""、泰然处之"说的也就是这个意思。

截拳道不提倡"门派之见"或"局部之见"，整体性能适应所有的情形。

流动的心灵——也就是"月印万川"——它既是动的，也是不动的。

只要两个物体之间还有空隙，就有机可乘。

"工具"处于没有周长的圆心之中，而不以中心为中心。

动中有静，紧张中有放松，眼观六路而又镇定自若。既不刻意人为，又顺其自然；既不渴求，又不指望。简言之，像婴儿一样天真无邪，同时拥有完全成熟心灵的计谋和最敏锐的智慧。

自欺欺人的心灵无论在智力上还是在效率上都会给人造成沉重的负担。从一个动作到另一个动作，它步履艰难。它不得不停下来反思自我，这就阻碍了本身的流动性——也即是创造性。

流动性像水一样顺其自然地、毫无阻碍地流动。

车轮如果被过紧地固定在轴上，就不能顺利转动。同理，一旦心灵被羁绊，它想要前行每一步都困难重重。此外，如果随意发挥，也会一事无成。不仅如此，如果作品本身的质量低劣，也可能永远没有完工之日。

回忆和预见是使人区别于动物的心灵意识。这些意识很有用，能够实现某些目的。但当某一动作涉及人的生死存亡问题时，我们必须放弃回忆与预见，因为它们会干扰思想的流动性，让我们不能在刹那间迅速出招。

截拳道积极进取的心理训练，并不仅仅是从哲理角度反思充满生机与活力的生命或僵化的思维模式，而是进入绝对真理的境界。它是真实的。

其意义在于"技进于道"，把艺术作为了解道的方式。

保持警觉意味着"严肃认真"，"严肃认真"意味着虔诚和真实，只有保持真诚，才能达到"与道为一"的境界。

## 涅槃再生

有意识地无意识，或者是无意识地有意识，是涅槃的秘诀。此时行动是如此直接和迅速，没有任何间隙能让智力活动插入，把它切成碎片。

除非我们触及绝对事实，否则任何性质的争论都不能获得圆满的解决。争斗的双方不能相互影响对方，也不能打破僵局或保持平静。此刻需要的是"超越"。

最终，截拳道并不是一种技术，而是精神上的洞见和训练。

正是"自我"僵硬地拒绝来自外界的事物。正是这种"僵化的自我"使我们不能接受面前的任何事物。

哪里有绝对自由，哪里就有艺术。没有绝对自由，也就没有创造力。

处于"无心"的状态也就是保持"平常心"。

由于你的自我意识或者是本我意识太明显地吸引了你的注意力，反而干扰了你真实技艺水平的展现。你应该摆脱这种好出风头的自我表现或自我意识。专心致志地做一件事，就像此刻没有任何特殊的事情发生。

水每时每刻都在不停地流动，但是水中的月亮却能保持宁静。虽然心灵能够应对万千局势，但最好还是以不变应万变。

## 原始的纯净

为了把心灵的原始活动推到极致，就应该消除体能上障碍。

大脑看见什么就迅速采取行动，训练这种快速反应需要增强心灵的力量——"见"发生在内心深处。

所学到的东西也就意味着失去的东西。

你所掌握的知识和技巧应该被遗忘掉，这样一来，你就可以漂流在虚空的世界里，无拘无束，安逸无虑。学习很重要，但不要成为其奴隶。总而言之，不要怀抱任何外在的、华而不实的东西。要以心为主。

只有消除了所有的精神障碍，你才可能成为知识技能的主人，才能保持虚空的心理状态（流动性）。你甚至可以毫无意识地涤除你曾掌握的任何技术。

让所有的训练随风而去，让心无知无觉地工作，让"自我"消失到无人知晓的地方，只有这样，截拳道才能达到尽善尽美的境界。

按照禅宗哲学，技艺的学习等于智力上的烦恼。因此，在禅和截拳道里，光能熟练地掌握技巧并不足够。禅和截拳道都要求我们实现终极现实，也就是虚空和绝对。只有绝对才能超越所有的相对性。在截拳道中，所有的技术将会被遗忘，仅仅让无意识单独应对所有的局面——只有此刻技术才能自动、自发地创造奇迹——在整体性中自由地流动。不刻意追求技术就等于拥有了所有的技术。

刻意迷恋某一技术是一种病态，不管该技术是多么的有价值。

## 六种病症

1. 追求胜利的欲望；
2. 诉诸技术和计谋的欲望；
3. 把所学的全部向他人炫耀的欲望；
4. 威慑对手的欲望；

5. 扮演消极角色的欲望；

6. 根除自身所有弊病的欲望。

"欲望"是一种依附，"想要没有欲望"也是一种依附。因此，要摆脱这种困境，就需要摆脱积极和消极欲望的束缚。换句话说，这种既"是"又"非"、似是而非的情况，从理性上来看是荒唐的，但是对于禅学来说就是如此！

这种无圆心的圆，没有周长。这样一来，练习截拳道的人应该对对立面的交替性保持警觉。如果心灵停留在任何一个方面，它就失去了流动性（灵活性）。练习截拳道的人应该随时保持心灵的"空"，只有这样行动才能达到无拘无束的境界。

一旦截拳道选手达到这种无拘无束的境界，他所有的动作就会如闪电般的迅速或者像反光的镜子一样明晰。

毫无疑问，精神是控制我们生存的关键因素（我们无从知晓它的详细情况），它超越了肉体的境界，是一种整体的存在。不管外界发生了什么情况，看不见的精神如影随形地控制着每一个动作。因此，不管在任何地方、任何时刻，精神都处于运动状态，无碍无阻。

一旦截拳道选手摆出一个截拳道姿势，他就进入了精神自由和无为的状态。

## "家中的主人"：让人的器官观察

所有的动作源自于"空"，心灵就是"空"的动态方面。这里没有心术不正，没有以自我为中心的动机，因为"空"是虔诚、真诚和直接的。他不允许自我和动作之间留下任何空隙。

截拳道是由"你看不到我，我看不到你"的状态构成的——此刻阴阳浑然一体。

无论在走路还是休息，说话还是沉默，吃饭还是喝水时——都不要让自己懒惰，要孜孜不倦地追求"此在"。

忽视现实，恪守形式（理论），只会使自己越陷越深，最终不可自拔，掉入樊笼。

由于墨守教条、心术不正、心灵扭曲，我们看不到真理的真实存在。

按照自然的本性接受训练。

成熟的过程并不是意味着成为概念化的俘虏。它是一个意识到内心自我世界的过程。

最大的错误是预测一场搏击战的结果。你不应该考虑结果是输还是赢。让一切顺其自然，你的天赋工具会在适当的时刻成功出击，一剑封喉。

## 截拳道

1. 不应该受僵化的招式和技术所制约；
2. 具备适应环境的精神；
3. 涤除在我们身上积累的所有尘埃，揭示自然存在的现实性或实在性，或者赤裸的真相，它等同于佛教里"空"的概念。

因为一个人处于净心和无为的状态，他的天赋工具分享了这种品质，以最大的自由度扮演其角色。

截拳道不是无关紧要的雕虫小技，而是高度发达的精神和体格运动。

截拳道不是发展已经发展的东西，而是恢复被遗忘的东西——虽然它一直就与我们同在，除了在我们错误地运用它时，它从来没有丢失过，也没有被扭曲过。

学生在接受截拳道训练的时候，在每个方面都要积极、主动。在实战中，应该保持镇静自若，心无杂念。他应该有这样的感觉，发生的一切只不过是无关紧要的平常事。他进攻的时候，步伐应该是轻松、稳固的，他的目光不应该像疯子一样，一动不动地死盯着对手。他的动作要像平日一样镇定。他的表情不应该有异。虽然他进行的是一场生死格斗，但一切应该像平常一样，不露丝毫痕迹。

技艺应该从属于心灵的训练，最终，它将把练功者带至更高的精神境界。

截拳道选手应该面对现实，而不把形式透明化。

工具是一种无形之形。

"无常"是所有事物的终极源泉，它超越了人的理解力，超越了时间和空间的范畴。正因为它超越了所有的相对性，所以才叫"无常"，也就是任何可能发生的事，都是可能的。

他不再是自己本人，而是像机器人一样前进后退。他放弃了自我，接受日常自我意识之外的影响，再也看不到深深埋藏在潜意识之下的自我，迄今为止，他意识不到自我的存在。

艺术从来就不是一种装饰，而是一种启蒙。换句话说，艺术是自由发挥的技巧。

截拳道，像人们熟悉的那样，不是建立在任何技术或教条之上的艺术——就像你本人一样。

无思：心灵应该不受外在世界的影响，在各种现象中毫无羁绊地自然而为。

让心灵集中于一个焦点，保持警觉，它能很快地通过直觉找到真理，真理无处不在，心灵必须从陈旧的习惯、偏见、受限制的思想过程甚至日常平庸的思想中解放出来。

## 三个构成要素

没有思想就成为教条：在思考的过程中，不应该沉陷其中，不以线性方式思考外在物体——要做到在思考中而又不思考。

要想达到绝对的自由，"不受陈旧套路的限制"是最关键的。

无羁绊是基础。

所有线路和动作都能起作用。

在人的原始本性中，人的日常思维在连续不断地思考，没有停滞。过去、现在和未来像溪水一样，毫无阻碍的流淌。

"无"意味着没有二元对立的限制，没有玷污。

"思"意味着对存在现实和自我本性的思考。

真实的本真是思考的本质内容，而思考是本真内容的功能。

沉思意味着实现人的"不动心"的本性，意味着不受现象的限制。镇定自若意味着内心世界的"不动心"。只有摆脱外来物体的羁绊，才能镇定自若，达到"不动心"的境界。

真实的本真是不受玷污地思考，它不可能从构想和思考中得到。

除了真实的本真之外，再没有思考了。本真不"动"，但其作用和功能是无穷无尽的。

心原本不"动"，不虑而思才是道。

知识的意思是，知道心是虚空的、宁静的。

洞见的意思是，意识到本性不是创造的。

"空"的状态是没有外表，对手找不到你的招式和形式。

宁静的状态是不刻意强求，"不刻意强求"意思是不存任何幻想和虚妄。

"不练"并不意味着缺乏任何素养的训练。它所指的是，通过"不练"而"练"。为"练习"而练习，是一种有意识的心理活动，即以自我为中心的练习活动。

## 若即若离

若即若离不太好表达，因为一旦某人试图传达某种意义，他所表达的是事物本身。这意味着，他这样做，还是处于一种与事物分不开的状态。

为了哄小孩不哭，我们可以说，树上那飘飘下落的黄树叶是金元宝；同理，所谓的绝招和摆出的姿势并不是完全不管用，但只对那些不蓄意思考的人有用。

拥有一颗没有偏好的心。"无思"意味着不蓄意地思考。

除了日常生活之外，没有必要刻意地追求特殊的训练方法。在顿悟和日常知识之间，没有什么差异。顿悟意味着无高下之分，而所谓的日常知识有"知者"与"所知道的事"，二者是对立的存在。

## 两种病症

1. 骑驴找驴；
2. 骑在驴子身上，不愿意下来。

有些招式愿意用直线进攻或防守，而有些招式愿意选择迂回线路。固

守一种有偏见的搏击招式等于作茧自缚。截拳道是追求自由的技艺——靠的是顿悟。艺术从来不是装饰品或者粉饰物。一个招式，无论多么精密，都难免会让练习者进入一种固定的套路（实战从来不是固定不变的，而是瞬息万变）。人们所练习的基本上是抵抗的战术。这样一来，这种战术成了绊脚石，让我们不能理解实战，也让墨守成规的练习者就不能获得自由。搏击之道不是建立在个人的选择和幻想的基础之上，搏击之道的真谛在于，每一时刻都有变化。只有不带偏见、不盲从、不武断地去理解，才能体会到搏击的真谛。

只有在理解了招式的不实用性和来龙去脉或者是真正认同形式之后，才有这样的体会。

截拳道主张"无形"，这样一来，它可以采纳各种各样的"形"。因为它没有固定的招式，所以它适合形形色色的招式。结果，截拳道采用各种各样的方法，而不受其中任何一种的局限。同理，它采用了各种各样的技术和手段，以达到自己的目的。在截拳道的技术中，效用是最重要的。

许多武术家追求更多的招式和方法，但他们不知道，真理与"道"通常以平常、简易的方式显现。就在这一点上，这些武术家没有把握住事情的关键（如果有什么绝招的话，你去刻意追求反而得不到）。身体练得上气不接下气，体力透支，却错过了最微妙之处；精神上追求理想主义、异国情调，实战中却缺乏实际效用。

当本质与非本质不能被确立和界定的时候，当变化了无痕迹的时候，你就掌握了"无形之有形"。如果仅仅拘束于形式，则是心灵的依赖，也不是通往真理之道。当技术摆脱了自身，"道"就会从无道中显现出来。

## 不动心

不要为比赛而过分不安，否则的话，你就会被钳制——你要教徒弟们想着如何前进一步，而不要考虑后退一步。

## 五个主要要点

1. 最高真理不可言说。

2. 精神培养不可完成。
3. 绝招并不能让你获得什么。
4. 教学没有什么实质性的东西。
5. 在出拳和移动中存在美妙的道。

让我们暂且不谈成仙成圣的话题，再一次回到人世间。

在逐渐理解了另外一方之后，你会苏醒过来，回到自身这一边来。

在经过磨练之后（或者没有经过磨练），人的思想继续与现象性的事物分离。此刻，人既留在现象之中，又脱离了现象。

当人和环境被消除之后——他们其实并没有消失。继续勇敢地前行吧！

## 3.4 主 题

这个故事基本上是人追求自由的故事，它重新回到了自由的原始意义。不同于美国西部影片里，"谁拔枪最快，谁就可以活命"的故事情节，个体并不需要磨刀霍霍来消灭对手。相反，他的侧踢、侧拳、钩腿等，主要对准的是他自己。

正是因为有了自我，才会有敌人。如果没有任何心理活动的话（思绪活动），就不可能有对立的冲突。如果没有冲突的话（在竞争中你总想占上风），也就进入了人们熟悉的"无我无敌"的状态。"四肢"作为工具，充其量代表的是直觉力量和直接的本能反应，它不同于智力，不能被割裂，也不会阻碍自己的通道。它勇往直前，决不瞻前顾后。

习武之人碰到的基本问题是"精神阻塞"，这一点许多人都知道。这种情况通常在与对手进行殊死搏斗时发生。他的心依附于思想本身，或者是依附在与之遭遇的任何物体上。他的心被"堵住"了，不能从一个物体流向另一个物体，而是停滞不前。此时此刻，习武的人不再是自我的主人，他的四肢不再能以自己的方式表达自己。因此，心里想着一件事情，意味着某事已事先占据了他的心灵，而没有时间考虑其他的事。然而，要想清除占据在脑海里的思想，就要立刻用另外一件事填补它。

最终，我们应该做到"心无目标"。"心无目标" 不仅仅意味着心中茫然无物。我们思考时不能只死死盯着一个目标不放，精神在本质上是无形的，任何"物体"（目标）不能死卡在那儿。如果有东西卡在那儿的话，你的精神能量就失去了平衡。你内在的活动变得痉挛，不能再像溪流的水一样自由流动。当能量倾斜时，一个方向的能量太多，另外一个方向的能量太少。如果能量太多，它会溢出，而不能控制。缺乏能量的时候，养分就不充足，心就会枯萎。这两种情况都不能应对不断变化的局势。

当"心无目标"的状态占了上风（也就是心灵处于流动的状态，虚"心"状态或者说平常心状态），精神别无他求，也不会朝一个方向倾斜。它超越了主体和客体的界限。以"虚空"应对变化的环境，而不留踪迹。用庄子的话来说就是："至人用心如镜，不将不迎，应而不藏，故能胜物而不伤。"像流进池塘的水一样，它总是随时准备再次流出。如果心灵是虚空的，自由地向一切事物敞开，那么精神的能量就取之不尽，用之不竭。

## 3.5 精湛的技艺

在日本拥挤不堪的酒馆里，三位剑术高手坐在酒桌前，高声议论着他们的一位邻居剑手，希望引他上当，与之决斗。坐在他们旁边的这位大师似乎并没有把他们放在眼里，但这三个人的谈话越来越粗鲁，越来越难听。此刻，只见这位高手迅速用筷子一挥，毫不费力地夹住了四只嗡嗡飞的苍蝇。当他慢慢地放下手中的筷子，三位剑手急急忙忙地离开了酒馆。

这个故事说明了东西方思维的巨大差异。一般的西方人对那位大师能够用筷子抓苍蝇的能力，感到好奇，心想这与实战中的格斗水平有什么关系。但是，东方思维方式认为，既然他在每个动作中都可以做到全神贯注，就显示了他的精湛技艺。那位大师完整和"沉着"的心境，显示了他能很好地控制自己。

武术需要的正是这样的心境。指戳、背拳、侧踢等是破坏和暴力的工具，这就是它们的功能和作用。但是，东方人相信，如果这类工具是指向自我的，并且能够摧毁贪婪、恐惧、愤怒和愚蠢，它们就能显示他们的主要功能。

操作性的技巧不是东方人追求的目标。他们把侧踢和背拳的目标对准了自己。如果这一招管用的话，他们甚至可能把自己击倒。经过多年的训练之后，他们希望获得放松的心情和力量的平衡。这就是开头我们读到的，像高超的剑手那样，运用之妙，存乎一心。

在日常生活中，心可以从一个想法转移到另一个想法，一个物体转移到另一个物体，这就是"处于"平常心，而不是刻意"拥有"一种心境。然而，一旦面对面与对手展开生死交锋时，心就容易呆滞，失去灵活性。呆滞状态或阻塞状态是困扰每个练武者的噩梦。

大慈大悲的观音菩萨通常的形象是，有一千条手臂，每条手臂拿一样器械。例如，如果她的心只停留在其中一条手臂的使用上，其他的九百九十九条手臂就没有什么用处了。正是由于她心里想到的不只是一条手臂，而是同时用所有的器械，所以她的所有手臂都能极大地发挥效用。这个形象要证明的是，当实现了终极真理的时候，即使一个身体上有一千条臂膀，每一条臂膀都可以通过这种或那种方式发挥作用。

"无欲、"虚心"或者"技进于道"是东方人经常使用的术语，它们代表武术家的最高造诣。真正的技艺超越了任何特定形式的艺术。它衍生于掌握自我——通过训练所达到的一种能力是，心境宁静，胸有成竹，完全与自己的节奏和环境保持和谐。只有在此刻，人才能真正了解自己。

　　有些人可能认为，李小龙主要是个习武之人，但是事实却是，他真正热衷的是哲学。这个事实也许会让人们大吃一惊，但是更让人吃惊的是，李小龙对东西方哲学都了解甚深。

　　本章中选取的文章都是李小龙在华盛顿大学就读时写的，那时他专攻哲学。在这期间，他主要想拓宽自己的知识面，于是就努力学习西方的理念。他读了大量的书籍，如柏拉图（Plato）、大卫·休谟（David Hume）、勒内·笛卡尔（Rene Descartes）、托马斯·阿奎那（Thomas Aquinas，一位教堂神父，在20世纪50

## 第四章
# 哲学与功夫

年代李小龙在中国香港读教会中学时,他对李小龙产生过重要影响)。

另外,这些文章体现了他的世界观或哲学思想上的变化历程。例如,早期他对"道"的研究和认识,尤其是对一元论的形而上学研究,在他系统地接触了优秀的西方哲学理念之后日臻完善。但更有趣的是,这些文章揭示了一些主题。这些主题只有当李小龙逐渐成熟时,才可以更好地理解,更精确地表达。这些文章播下了他独立思考和理智分析的种子。它们是李小龙最有说服力、最发人深省的作品。

## 4.1 我为什么喜欢哲学

在完成《唐山大兄》（The Big Boss）的拍摄之后，我和嘉禾电影有限公司的工作人员一起由泰国返回中国香港。那时许多人问了我这样一个问题："是什么让我放弃了在美国的演员生涯，而回到中国香港拍戏呢？"

因为中国的电影业还不是很发达，所以，似乎大家都普遍认为在中国拍戏没什么前途。对于这个问题，我只有一个简单的解释：我是一个中国人，我要尽一个中国人的责任。事实上，我是在美国出生的华人，这也许是偶然，也许是我父亲人为安排的。那时，美国的华人大多来自广东，他们都思乡心切，任何与家乡有关的东西都足以引发他们的乡愁。

在这种情况下，中国戏剧便十分盛行。我父亲是一位著名的戏剧大师，很受人们欢迎，在美国表演了很长时间。在他带着妈妈去进行一次演出的途中，我来到了这个世界。

但是，我父亲并不想让我接受美国的教育。当我达到入学年龄的时候，他把我送回了中国香港——他的第二故乡——和叔叔们一起生活。可能是由于遗传或环境因素的影响，当我在中国香港学习的时候，我对电影制作产生了浓烈的兴趣。父亲那时也结识了许多电影明星和导演，其中有已故演员钱展（音译 Chin Kam）。他们把我带进摄影棚，给了我一些角色来演。我从一个小角色开始，逐渐成了明星。

那是我生命中最重要的经历。那时，我第一次接触真正的中国文化。我被它深深地吸引了，而且我强烈地感觉到，自己就是它的一部分。那时我还没有意识到环境对人的性格和个性的深刻影响，但是，作为一个中国人的意念却已经在我心底扎下了根。

从童年到少年，我都是一个捣蛋鬼，让长辈们很是失望。年少时我格外调皮，很霸道，脾气暴躁，易怒。不仅和我年龄差不多大的"对手"都躲着我，连大人们有时都让我三分。我不知道是什么让我如此好斗。遇到看不顺眼的人，我脑海中立刻就会涌现一个跟他一较高低的念头。用什么去挑战他呢？我第一个想到的就是我的拳头。我知道，击败别人就意味着胜利，但我忽略了以武力取胜并非真正胜利的道理。当我踏入华盛顿大学，在哲学的熏陶启迪下，我对自己以前幼稚的行为悔恨不已。

我之所以选择读哲学，与我童年时的好勇斗狠很有关联。我常常问自己：

- 胜利了又怎么样？
- 为什么人们把胜利看得这么重要？
- 什么才是荣誉？
- 什么样的"战胜"才是光荣的？

于是，导师协助我选课程的时候，他认为，以我刨根问底的发问精神，最好修习哲学。他说："哲学会告诉你为了什么才活着。"当我告诉我的亲人和朋友，我选择了学习哲学时，他们都大吃一惊。大家都认为，我会去学体育，因为从童年到初中毕业我惟一感兴趣的课外活动就是中国武术。事实上，武术和哲学虽看似对立，但我认为，中国武术的理论与哲学的边界已经变得模糊了。

每个动作都应该有它的缘由和来龙去脉。中国武术应该有一整套有用的理论。我希望能把哲学精神融入武术，所以我坚持学习哲学。

我对学习和练武从不懈怠。当我对中国武术的历史追根溯源时，我常常有这样的疑问：现在每种中国功夫都有他自己固定的套路和风格，但这些真的符合创始人的原始意图吗？我的答案是否定的。形式会阻碍进步，什么都是这样，哲学也是如此。哲学让我把截拳道带入了武术界新领域，而截拳道则让我的演艺生涯迈上了一个新的台阶，看到了新的起点。

## 4.2 人的理解力

提到人的理解力，涉及一些单纯的印象和概念。单纯印象比单纯概念更强烈和逼真，所以，单纯印象也是单纯概念的根源。

换句话说，单纯概念只是单纯印象的复制品。比如，我看见了一些激动人心的东西，这些东西打动了我。因为有这样的印象，所以事后我会有一些想法。所以单纯概念是单纯印象的复制品，他们是一个有机的整体，不能分开来看。

尽管复合印象和复合概念在大多数情况下都是对方的复制品（复合概念是复合印象的复制品），但有些情况下却不是。例如，我可以想象一个我曾经去过的地方，一个色盲的人可以根据自己对其他颜色的记忆对蓝色有自己的概念。

顺便说一下，"复合概念"由单纯概念构成。例如，苹果由颜色、味道、大小等特点组成……

## 4.3 生活：事物的整体性

许多哲学家都是说一套，做一套。他们教授的哲学与其身体力行的哲学大相径庭。哲学正濒临一种信仰的危险，人们只宣称信仰什么，但很少付诸实际。

哲学并不是生活本身，而是追寻理论知识的活动。大多数哲学家都不是为了将哲学理念付诸实践，而是仅仅将哲学知识理论化，思考哲学问题而已。而要思索一件事则需置身事外，和它保持一定的距离。

在生活当中，我们总是很自然地接受所有我们看到的东西，而且大体上也不会有什么疑问和顾虑。但是哲学精神就是要对生活的一切事情质疑，它努力把现实转化为疑问。比如问这样的问题："我眼前的椅子真的在那里吗？""它能独立存在吗？" 因此，哲学不是顺其自然地生活，让生活变得更轻松，而是将其复杂化，用无休止的疑问来替代世界的平静。就像问一个正常人他是如何呼吸的，那么当他有意识地描述那个过程的时候，他马上就会感到呼吸困难。那么，为什么要扰乱我们流畅的生活呢？为什么要制造这样人为的麻烦呢？人能呼吸，这就够了。

西方人接触现实的方式主要是通过理论，而理论始于否定现实——谈论现实，环顾现实，抓住能吸引我们感官的东西——然后把它从现实中分离出来。因此，哲学一开始就会说，外部世界并不是一个基本事实，所以任何以外部世界的事实为前提的假设，都不是充分有力的假设，它们的存在值得怀疑，而且它们需要被分离、解剖、分析，看到底能不能得出那样的结论，就好像有意识地站到圆外边去画圆一样。

法国伟大的哲学家和数学家勒内·笛卡尔，提出了类似的问题。因为万物的存在都不确定，包括自身的存在也是如此，那么世上除了怀疑的阴影之外，还有什么不令人怀疑呢？当一个人对世界产生怀疑，甚至对整个宇宙都产生怀疑的时候，这个世界还剩下什么呢？让我们站到世界之外一会儿，跟着笛卡尔，看看世界到底还剩下些什么。

根据笛卡尔的看法，"我思故我在"，世界剩下的就是怀疑本身了。因为任何可疑的事物看起来都一定像真的。同样，整个世界都很可疑，也看起来都像真的。怀疑即是思考，所以思考是宇宙中惟一不被否定的现象，因为否定本身就是思考。当思维存在时，我在怀疑，我在思考，自然就说明了人的存在，因为任何思维的思考都必须涉及作为主体的人。

在中国的道和禅宗中，世界是一个不可分离、相互关联的场所。任何一部分都不能离开其他部分而独立存在。也就是说，没有暗的星星，就没有明亮的星星，没有星空周围的黑暗，也就没有星星的明亮。对立事物总是相互依存，而非相互排斥，这样，个人和自然也不再有任何冲突，人与自然和谐地融为一体。

所以如果思考存在的话，思考的人和被思考的世界也就都存在了。一个事物的存在，也是为另一个而存在，它们之间不可能分离。因此，世界和我都是积极关联的，我看着这个世界，世界被我看着。我为世界而存在，世界为我而存在。如果没有事物可看、可思考、可想象，我便不会看、不会思考、不会想象，也就是说，我不会存在。一个可以肯定而且很重要的基本事实就是，物体和世界是共同存在的。任何一方离开彼此都不能单独存在。除了考虑物体和外界环境之外，我对自己一无所知。除非我思考事情，不然我就没有思考，因为思考事情让我认识了我自己。

仅仅谈论意识的客体是没有用的，不管它们是饱含情感还是枯燥乏味，一个客体必须要有一个主体。主体和客体是一对互补物，像所有其他事物一样，它们是一个整体的两部分，相互促进。当我们握住中心时，如果从旋转圆的中心看去，那么对等的两边便是一样的。我不是去经历某事，因

为我本身就是经历。我不是某种经历的主体，我就是那种经历的结果。我就是意识。除了我之外，别的都不是我，也不存在。

因此，不是因为热，我们才出汗，出汗本身就是热。这就好像是说，太阳就是光，是因为太阳发出光。这种奇特的中国哲学观点并不为人熟知，因为我们根深蒂固的观点认为先有热，身体才会出汗。换另一种说法也许让你惊讶，就像说"奶酪和面包"，而不是说"面包和奶酪"。这种令人惊讶、而且看起来违背常识的说法，也许会在下面对"水中月"的讨论中得到说明。

## 水中月

水中月的意象可以用来比拟人类的体验。水是客体，月亮是主体。当没有水时，就没有水中月，反之亦然。但当月亮升起时，水并不想去倒映月亮的影子，而即使最微小的水波涌出，月亮也并不想去反映这一变化。因为月亮并不是有意投射自己的影像，而水也不是故意反衬月亮的光辉。"月印万川"的景象是月亮和水共同作用的结果，水展现了月亮的光辉，而月亮显示了水的清澈。

世间万物都处于真正的关系网络中。这种相互依赖性说明，在某种关系中主体创造了客体，也就等于客体创造了主体。这样，知者不再觉得自己和所知的事物相分离，体验者不再觉得自己和所体验的事物相分离。因此，所有关于从生活中获得什么，从经验中有所求的看法都是荒谬的。从另一角度说，有这样一个事实越来越清晰，除了我与万物为一体之外，再也没有离开万物而有意识的"自我"。唐朝的道琳法师说过，"一切并无可努力之处，唯有平凡而一无特别。用自己的饭，挑自己的水，做自己的法事，一旦累了，倒卧便睡，无知者自会笑我，但智者却会知我。"一个人并不是在某种概念或科学定义下生活。因为生活的真谛就简单地存在于生活之中。比如当你沉浸在欢乐之中时，没有必要停下来考虑，自己能否获得更多的快乐，也不要自满于当前的欢愉，可能你只是希望自己是快乐的，因为这说明你没有错过任何东西。

当我们活着的时候，生命便是存在的——生命之河畅通无阻，所以活着的人并没有意识到自己就是活着的，生命就是存在本身。在生命的长河之中，生命就是存在的，没有什么疑问可言，因为我们此时此刻就活着！完整的意识不会竭力去思考分离那些原本不可分的事物，而一旦完整的事物被拆开，事物也就不再完整了。拆开的汽车零件不是都好好地放在那儿吗？但是它们却不再是原来的汽车了，缺少了以前的功能，也丧失了曾经的生命。所以要想全心全意地过好生活的每一天，秘诀就是，生活就是生活本身。

## 4.4 刚柔并济

在武术中，刚（阳）和柔（阴）相互补充、相互依存。如果将"刚"挑出来，并从"柔"的角度去看它，"对立"就形成了。有些事物一旦有了区别，那么必定会有某种事物暗示他们的对立面。

表面看来，刚和柔是对立的，但事实上，它们却是相互依赖的，并且相互补充成为一个整体。刚柔的意义本身就是两者互为前提，形成了彼此，它们有了彼此才完整。事物的统一性、完整性是中国思想的一个特征。在汉语中，所有事情要从整体上来看待。例如，汉语的"好"和"坏"，结合在一起用便体现了事物的"品质"（优秀/低劣）。同样，汉语中的"长"和"短"，合在一起意思便是"长度"；而"买"和"卖"结合在一起就是"买卖"，意思就是"交易"。

所有这些例子都告诉我们，任何事物都有一个互补的对象，它们相互组成一个有机的整体。现在我们来看一下刚和柔的"统一性"。为了真正欣赏他们的"好与坏"，我们不会偏袒任何一方。不仅仅是因为任何事物都需要一个互补的对象，就算在"统一"的事物内部，也具有互为补充的两个部分。换句话说，柔中有刚，刚中有柔。在任何情况下，不管柔或刚，绝不会孤立地存在。因为孤立存在会导致极端，而走极端从来都是不可取的。

## 4.5 道　家

道是关于宇宙基本统一性（一元论）的哲学，统一性主要体现在逆转，阴阳对立，循环往复，周而复始。它还说明了所有事物的"齐一"、标准的相对性、回归太一、天命智慧以及万物的起源等。

因此，道家哲学自然而然地摆脱了冲突和斗争的欲望，也摆脱了利益之争。因此，这为基督教在"圣山训诫"中所讲述的谦卑和温顺的道理，找到了一个合理的根基。人们也因此应该养成温顺的性格。道家强调不抵抗和轻柔的重要性。

《道德经》的基本观点就是无为状态下的自然主义。也就是说，不要采取任何不自然的行动。凡事要自发、自然而为，即要顺从一切处于自然状态的事物，允许它们自发地转变。这样，道即达到了一种"无为而无不为"的状态。在日常生活中，道表现为"不自傲"或"不自恃"。因此，自然之道使所有人为的方式——如规章、仪式等——变得更完善。这也是道不喜欢拘泥于形式，不注重人工修饰的原因。

自然之道可以比作水之道。女性和婴儿总是被认为是弱者，这是弱者之道。而在赞扬弱者的时候，着重点其实在"简单"之上。简单的生活平淡无奇，不在乎利益，不要小聪明，没有自私，也没有欲望，涤除玄览。这就是"大成若缺"和"大盈若冲"的生活。这样的生活像光一样明亮，但并不晃眼。简而言之，这样的生活和谐统一，美满平静。它持久，带给人启迪、和平以及长久的生命。

## 4.6 阴　阳

和谐是世界秩序的基本准则。作为宇宙中的力量，阴和阳永远是互补的，而且永远在不断变化着。欧洲的二元论者把物理上的物质和形而上学的物质看作两个不同的实体，充其量也就是把它们当作原因和结果，它们永远不会像声音和回声，光和影一样，成双成对地出现。而在中国，象征所有事物的符号就是阴阳。

在欧洲，二元论哲学理论处于最高地位，支配着西方科学的发展。但是随着原子物理的出现，人们的科学发现开始基于论证实验，这就否定了二元理论。从那时起，思维的趋势便又回到了古代道家的一元论。

在原子物理上，物质和能量是没有区别的，也不可能把他们区别开，因为它们实际上是一个本质的两种表现，或是同一个单位的两极。现在，已经不再可能像机械科学时代里的爱因斯坦（Einstein，物理学家）、普朗克（Planck，物理学家）、怀特海（Whitehead，数学家、逻辑学家、哲学家）和金斯（Jeans）那样给重量、长度或时间等下一个绝对的定义了。

同样，道家哲学本质上是一元的，与针灸起源和发展的背景相反。中国人认为，整个宇宙由两大原则所支配：阴阳。"阳"代表正面的、积极的和肯定的，"阴"性代表反面的、消极的和否定的。他们认为，任何有生命的或没生命的存在都是这两种力量不断地相互作用而引起的。物质和能量、阳和阴、天与地，本质上都被认为是一个整体，或是一个不可分整体拥有的两个共存的极点。

功夫是最古老的自卫形式，也可以被界定为自卫艺术的智慧结晶和深入思考。它在全面性和理解深度上从未被超越过。功夫的意思是"通过训练和规则来探究事物之道"。功夫既可以强身健体，又可以提高精神修养，还可以作为防身之用。

功夫的目的就是强身健体，陶冶情操和自我保护。它的哲学是基于道、禅和《易经》而形成的——在逆境中让步，能屈能伸，能够和谐地顺应对手的招式，而不是斗争或反抗。功夫可以说是中国人对揭开自然奥秘的一次尝试。

和谐与冷静让中国功夫与众不同。习武者应抛弃所有独断专行、好勇斗狠的心理，并练习自我遗忘的技术，不仅仅让对手与自己分离，而且让自己与自己分离——达到超脱于一切之上的境界。

而柔顺和无我并不表示要排除力量，因为"柔"与"刚"相辅相成，力量对柔来说是不可或缺的。如果防守的一方主动出击，那么，他就会偏离他的自然天性，而与道失之交臂。如果他顺应积极进攻的一方，反而能够保住自己最有利的位置。因为防守的一方，在运动中让自己的招式顺应进攻的一方，动作才能够形成。宇宙赋予万物以生命，而根据造物主的意志，万物又都有各自的不同。

## 4.7 放松身心

"放松"其实一直都在我们身边。要想看见它，只要有一种开放、自由的心境——自由自在地敞开心灵,不受任何想法概念的羁绊。我们可以不停地演练套路、分析战术、听师傅讲解动作等,直到把自己累得筋疲力尽。但是所有这一切都无济于事——只有我们停下来思考所有这一切东西,放松身心,我们才开始看清问题,发现问题。

当我们思绪平静时(偶尔会有兴奋的活动),才会放松身心。这时在两个想法之间,顿悟(不是思考)的火花就闪现出来。

## 4.8 论西方哲学

哲学的过程就是在实质上获取关于任何问题的明确信息。但是,某些哲学家如柏拉图,会把伦理和道德领域作为他们关注的焦点。他们特别感兴趣的是关于"善"和"恶"的问题,什么是人追求的理想生活。

柏拉图,通过苏格拉底之口,对于特定的话题,有陈述自己观点的专门方法。他的论证方法有三个步骤:

  确定前提;
  通过一系列的推理过程,引导对手得出自己想说的观点;
  作出结论。

摧毁所谓的"苏格拉底式论证"法的方法,也由三步组成:

  其前提的真实性是否可以成功反驳;
  基于前提得出的逻辑推理是否合理;
  结论是错的。

## 4.9 柏拉图:说服的艺术

希腊哲学家柏拉图相信,教育是一切的关键。他的主张是这样的,一旦有人学会了正义,他就会公正的行事。而一个人之所以不能公正地行事,是因为他不知道有什么正确的选择。

柏拉图认为,每个人在本质上是努力向善的,所以所有行为的最终结果都是善的。他认为,道德教育是可行的。

**柏拉图的《高尔吉亚》**（*Gorgias*）

作者：柏拉图

作品类型：哲学修辞、伦理学

提出的概念和主要的思想：苏格拉底和高尔吉亚讨论了关于修辞运用的问题。苏格拉底首先在讨论中提出，修辞是一门"说服的艺术"。但是苏格拉底认为，如果修辞家不知道到底什么是修辞，这就是无知者企图蒙骗愚人的故事了。另外，如果一个人要讲述正义的道理，他必须要先知道什么是正义。而如果他知道什么是正义，他就是正义的，同时他也就不能忍受不公，因为这就等于让他去谈论他不知道的事情。

苏格拉底认为，既然所有人都想做一些善事，那么，如果自己做了善事自己还不知道，就会随心所欲地做事。如果他错了，他就是不知道自己所干的事是恶事。因此，惩罚是为了让人改过自新，所以应该为自己所犯的错误接受惩罚，而不是逃避惩罚。

由上观之，苏格拉底认为，修辞的艺术应该是为了让人们意识到不公的存在，以及找到解决不公的良方。卡利克勒（Callicles）则认为，"自然正义"是强者统治的法则。而苏格拉底则认为，智者才是最强者。卡利克勒争辩道，智者只为自己的快乐打算，而苏格拉底则说，快乐和痛苦并不能等同于善恶。

## 4.10 苏格拉底

苏格拉底引导卡利克勒，使他同意自己的观点：善恶是对立的，两者如水火不容，不可能同时存在。痛苦和愉快则是另外一回事，当一个人特别渴的时候，他是痛苦的，他需要喝水，而这时喝水又是一件乐事。

在喝水的过程中（当他渴的时候），他同时感受到了痛苦和快乐。这表明，善不能与快乐相提并论，恶也不能比作痛苦（同时，一个坏人和一个好人都能感觉到不同程度的痛苦和快乐），因为它们之间不存在共生关系。

善和恶或者快乐和痛苦，只有另一半的存在，它才存在。而且，它们

相互补充，相互促进，而非相互对抗。首先，如果我没有感觉到痛，我怎么知道什么是快乐呢？反之亦然。

仰望天空，因为有北斗星，我才能分辨出小星星。如果没有黑的天空，也就没有明亮的星星了。不需要在善和恶之间挣扎，而是要像水波一样，顺其自然。

## 4.11 人类的本性

衡量一个人的道德价值的标准是幸福。一个人越有善心，他也就越幸福。快乐是幸福的近义词。另外，一个人的价值观也会反过来影响他会做什么样的工作。一旦他按他选择的价值观去工作，他就会快乐。

- 人的正义行为（也就是公正的、伦理的、道德行为）是什么？
- 人是一个靠吃和睡在物理上维持自身并延续后代的存在。
- 人是一个有感觉的存在。
- 人是一个有创造力的存在。

事实上，正是人的创造力，才让他与其他动物有所不同。正义的行为是由理智和创造力所支配的。

## 4.12 道德行为的相对性与绝对性

1. 认为道德行为具有绝对性的人认为，人的行为可以用传统的方式来描述和规范。

2. 有人认为，用一定方式描述的道德行为，在任何时候都适用。

3. 认为道德具有相对性的人认为，随着时间、地理、气候、经济需求、宗教信仰等不同，道德行为有所不同。

4. 他们同样认为，正义行为的表达也许意味着，只有道德行为符合公共利益的时候，才是道德的。

5. 认为道德具有绝对性的人认为，符合道德的行为可以用不变的原则来表述。

**客观判断和主观判断**

1. 如果涉及客观问题，那么其判断就是客观判断。如果涉及个人对客观问题的看法，那么判断便是主观判断。

2. 客观的即是事实的，主观的是一种看法。

3. 你认为一件事是错的，与你要辩护、解释、证明一件事是错的，这两者之间有很大的差异。

4. 如果所显示的品质是行为本身的品质（客体的内在品质），那么概念便是客观的。

每个人都能获得幸福，但如何获得或怎样采取行动获得幸福是另外一回事。

## 4.13 哲学家勒内·笛卡尔

雷内·笛卡尔是法国著名的哲学家和数学家，因认识论而著名。认识论被认为是"知识哲学"，涉及我们怎样获得和我们知道什么的问题。他的认识论立场也引起了怀疑派的争论，这些人认为，人们不能明确地知道任何事情。笛卡尔认为，怀疑论主要源自两个问题：

1. 你如何认识事物？
2. 如何知道你真的认识事物？（也就是说，"为什么"是个充足理由）

要讨论怀疑论似乎不太可能。只有事情绝对合情合理，有说服力，人们才能接受它。如果你怀疑某些事，那么他们就不可靠。

梦——虚假的呈现

幻觉——整体感觉上或精神上的虚假呈现

人有可能误解这个世界。

**笛卡尔的"沉思录"**

作者：勒内·笛卡尔

作品类型：认识论

《沉思录》（*Meditations*，创作于 1641 年）

1. 就身心的绝对不同发表观点。
2. 身体服从于机械因果定律。
3. 心不受机械性因果定律的限制，而独立存在。
4. 笛卡尔作出这个区分是为了说明，天主教的信念和物理科学的进步和发现二者之间是可以调和的。
5. 《沉思录》是笛卡尔最重要的哲学工作，主要包含形而上学的教导。

**第一个沉思（大纲）**

在沉思录的开头，笛卡尔提出了他的怀疑论的起因：

1. 怀疑是有用的，因为它可以摒除一切偏见。
2. 怀疑体现了思想如何从感官中解脱出来。
3. 怀疑让我们能够怀疑某些事情，特别是那些我们曾经一度认为是真实的事情。

**论可以引起怀疑的事物**

1. 笛卡尔想摆脱一切旧的见解，包括那些并没有错的见解，或那些还没有被证实是错误的见解。
2. 凡是被当作最真实、最可靠而接受过来的东西，都是从感官或通过感官得来的。
3. 尽管感官有时会欺骗人，但是笛卡尔意识到，感官认识到的东西也有可能是合理的（例如，他坐在那里写《沉思录》的事实）。
4. 我们认为是真实的事情，只不过是梦里的假象。
5. 我们能确定，当下的一切不是幻觉（梦）吗？
6. 笛卡尔认为，上帝是完美的，他不会让我们受欺骗。
7. 但是我们还是可能被欺骗。
8. 为什么上帝尽量不让我们遭受欺骗，而结果我们还是受骗上当了呢？
9. 笛卡尔提出了这样一个想法：一个邪恶的妖怪试图来欺骗人们。（可以在第四沉思录里找到更严谨的答案。笛卡尔认为，正是人对自由意志的误用，才导致人们犯错。没有足够的证据却自负地妄下断言，让自己被假象所蒙蔽。上帝不应该为人们犯的错负责，就像他不该为道德上的邪恶负责一样。从第一个建议来看，这应该责怪恶魔。而从这一点来看，应该责备人们自己。我们只有按照笛卡尔的哲学标准，怀疑错误，真正接受真实的事物，这样我们才能更加慎重，避免犯错。)

10. 在"第一沉思录"的结尾，笛卡尔继续生活在一种悬而未决的判断状态之中。

笛卡尔认为：

1. 心和身可以分离。
2. 心可以脱离身体（笛卡尔哲学的二元论）。
3. 不能怀疑的是他自己的存在。他必须存在，才能怀疑他是在梦中还是被妖怪所欺骗（至少他应该先假设他就在哪里存在）。
4. 因此，他得出结论，人不能怀疑自己的存在，才有"我思故我在"这句话。

**第三个沉思：论上帝及其存在**

有两个论点：

1.首先，他很直接地询问了关于完满存在的"上帝"观念是从哪里来的？从其他的生物还是他自身？或者是不是必须先有"上帝"才能创造出这一观念（包括对自己的观念）？也许，读者会对笛卡尔用西方中世纪哲学框架所给出的答案，感到迷惑不解。笛卡尔认为，"上帝"观念比其他观念（包括我对我自己的观念）具有更多的客观实在性。但是一个不够完满的人，不可能产生完满的观念。因此，笛卡尔得出结论说，他脑子里关于上帝的想法也是上帝放进他头脑中的

2.第二个争论源自他自身存在的偶然性特点，人生就像飞驰而过的瞬间，没有人能永久地长生不老，或是产生同自己一模一样的后代。在这一论证中有很多东西都印证了亚里士多德( Aristotel )的一个传统观点。但是要澄清的是，这个新论点只是第一论点的翻版——虽然二者之间有区别，新论点需要解释的不仅仅是偶然性的存在，或是会思考的人的偶然存在，还需要解释的是"一个能思考且知道上帝的存在的人"原因的现实性不可能小于结果的现实性，因此一个没有上帝完美的生物，不可能造就笛卡尔——或者其他人。

## 笛卡尔的观点

笛卡尔认为，人的有些想法天生就有，也有些是来自外界，还有一些是两者的结合。他决定，从外界事物来考虑这些想法，找出导致这些想法和事物本身相似的原因。

他相信外界发生的事情不是靠他想象出来的，因为火让人感到热，不管他喜不喜欢，热的感觉都会强加在他身上。人性的表达方式也是如此。但是，在邪恶和美德之间选择，本性会让你误入歧途，笛卡尔认为，在善恶之间，大多数人都会选择前者。也许，我们仅仅能靠想象了解我们所知道的外界物体的存在，即使这些想法真的来自与他本身不同的外物，也还是不能证明这一点，即他本性上和某些外物相似。相反，世界上形形色色的事物差异很大（只有一个正确的）。因此笛卡尔得出的结论是，"我们不能仅仅依赖某种肯定的判断。"

## 笛卡尔的"我思"

"我思故我在"是笛卡尔的名言。从法语翻译过来的时候，"我思考，所以我存在"的意思只是"我思考，所以我是个思考者"。这里的"我在"是由"我思"推理而来，这仅仅是知道我存在而已。

这是知识，但不是现实生活。最基本的事实不是我想什么，而是我活着，这其中也包括那些活着却没有思考的人，尽管这种人也许不算真的活着。上帝啊！当我们要把生活与理智结合起来的时候，矛盾多么大啊！

事实是"我在，故我思"——"我存在，所以我能思考"，虽然不是所有的事物都能思考。有意识的思考不是比有意识的存在更高一层吗？没有自我意识，没有人格主体在场，这样单纯的思考可能吗？有不带情感的知识吗？没有一种物质是不带感情的。难道我们不是在感知和意愿中，感觉到想法，感觉到我们自己的存在吗？

笛卡尔方法论的缺点是，一开始就将自己从自我中赶出来——屏除笛卡尔，屏除真正的人、有血有肉的人、想长生不老的人。其目的是为了成为单纯的思考者——也就是，把自己分离出来，抽象化。但是真正的人终于回来了，把自己投入自己的哲学怀抱。

## 4.14 "我要的颜色"

我和几个中国朋友聊天时，当我提到阿奎那时，我首先引述了这样一句话："把颜料从桶里拿出来，你可以将这个房间涂成任何颜色，任何你想要的颜色。"

我认为这句话不是他说的，但是下面的话很可能是他对这句话的理解：如果一个人愿意接收一种哲学体系里的第一个前提，那么剩下的前提他也必须被接受。

这样我们也必须接受阿奎那和他的《神学大全》（*Summa Thelogica*）的第三篇文章，这是一篇讨论上帝存在的文章。

上帝存在的五个证据：
- "一件事物不可能在同一方面、同一方向上既被推动，又是推动者。那样它就要推动自己……因此一定有一个不受其他事物推动的第一推动者，而这第一推动者，也就是人人都知道的上帝。"
- "必有一个最初的动力因，此最初的动力因就是上帝。"
- "我们不能不承认有某一东西：它自身就具有自己的必然性，而不是有赖于其他事物得到必然性，不但如此，它还使其他事物得到它们的必然性。这某一东西，一切人都说它是上帝。"
- （等级，或从多到少。）"世界上必然有一种东西作为世界上一切事物得以存在、具有良好以及其他完美性的原因。我们称这种原因为上帝。"
- （没有智慧，就没有机遇和目的）"必定有一个有智慧的存在者，一切自然的事物都靠它指向它们的目的。这个存在者，我们称为上帝。"

以上关于上帝存在的论证都基于第一个前提，或是所谓的"证据"。因此，如果移除"阿奎那运动论"的第一个前提，那就会陷入"最初动力因"的第二个证明，如此我们会继续陷入第三个、第四个，或第五个前提。

这些论证令人感到不安（尽管我早年在中国香港读书期间，接受了罗马天主教的牧师教诲），尽管它们说理充分，事实清楚，容不得半点犹疑，我要么接受他们，要么拒绝他们。

例如，经历痛苦，并不一定意味着理解它，接受它，或干脆否定它的存在：它是。但是并不是说所有人都会这样理解痛苦，会得出这样的结论。所有人必须要做的就是，尽力去治疗痛苦。

但是，当我说痛苦"是在那儿"，它暗示着我正在经历某些事情，但是将这些事情和除了我自己以外的其他人联系起来才是困难所在。我认为，这不可能仅仅是语意上的困难。从语意上来说，我们可以对一个具体的想法、概念或词语，用大致同样的方法作出回应。也就是说，如果这个想法、概念或词语在我们的本土语言中有对应的说法。

但是，当一个西方人推理起来，他可能会区分一些事物，而中国人对此无法作出区分。事实上，中国人在思维的过程中，可能都不会有"区分"的概念。中国人习惯把事情看作完整的整体，或是一个不可分的整体的两个共存体。这两个共存体的意思（不管是任何事情）都源自"彼此"，且彼此相辅相成。因此，"彼此"不但不相互排斥，还会相互依靠，相辅相成。

在汉语中，事物都是被当作整体看待的，因此，试图建立某种直接的因果关系是不可能的。例如，"good"的汉字是好，"bad"是坏。结合在一起，就是一个新词汇"好坏"，意思就是"品质"。构成"好坏"这个词，就需要把"好"和"坏"加在一起。而"long"的汉字是长，"short"的汉字是短，结合在一起就是事物的长度。"buy"的汉字是买，"sell"的汉字是卖，而合在一起则形成了"交易"这个新词。

事物不是相对，而是相互补充，且互补的部分能够共存。它们不是被看做因果，而是像声音和回声，光和影一样成双成对，如影随形。所以，骑自行车的人要前行，就要一只脚蹬踏，另一只脚放松，这种一踏一松构成了不断互动的整体。

当阿奎那开始为他的理论辩护时，预先假设了存在或存在物，因为要谈论"动"的方式，首先就得暗示事物的存在。也就是说，事物在运动。而阿奎那在第三篇文章中所问的，就是为了让我接受他的说法中的"那桶油漆"，也就是接受上帝的绝对存在。

我更情愿把阿奎那的教条看作是一种信念，而不是"理智"。当理智山穷水尽之时，我不能，也不会"嘲笑"信念。中国人认识到，最高真理是无法用语言表达的，它不需要去努力证实，作出假设，分离自我。中国人放弃对真理的理性追寻，绝圣弃智，停止所有的心理活动，紧紧抓住自我意识，以获得精神上的收获。人就是简简单单的人。

正是李小龙所具备的思想,将他与同时代的武术家分开来看待。应该说,人与人都有所不同,独一无二。因此,对于李小龙对思想及其功能有极大兴趣这一点,我们不应该感到吃惊。

李氏的图书馆内藏有许多心理学和心理疗法的书,这些书都是这个领域中的佼佼者所著。李小龙认为,自己没有资格谈论心理学方面的事情。但是,他广泛涉猎心理卫生领域的知识,花了很多的时间,徜徉在书本之间,与著名心理学家卡尔·荣格(Carl Jung)、卡尔·罗杰斯(Carl Rogers)以

# 第五章
# 心理学与功夫

及完形疗法的首创者弗雷德里克·皮尔斯（Frederick S.Perls）为伴。

研究心理学家诊所里成百上千例病人症状对李小龙的思想产生了巨大影响。这些心理学家的许多看法及名言（最值得关注的是皮尔斯的，在本章中将会讲到），他都逐字逐句地抄写下来，接受他们的观点，以此来更好地理解人的心理，从而理解自己，也是为了帮助他习武的徒弟更好地了解他们自己。

李小龙潜心研究心理学的一个最直接的结果，就是他能够进一步拓宽他的智慧，能更深一步地理解个人与社会的关系。

## 5.1 完形疗法的笔记

健康是协调我们的心理状态的平衡要素（保持一种心境，而不是拥有一种心境）。

生物体是一个协调的有机整体。我们不是各个部分的总和，而是所有组成这个生物体的不同细节的微妙调和，它们构成了我们本身——我们拥有的不仅仅是肝和心，它们只是我们作为生物体这一有机整体的一部分。

为了推动个人的发展以及开发人的潜能，以求：
1. 超越社会角色的扮演
2. 填补人性的空洞，让人再次完整。

焦虑是我们本身就具有的兴奋情绪，如果我们不能确定自己的角色——我们就会犹豫不决，心脏加速跳动，所有的兴奋不能正常运转，然后我们就开始胆怯——那么，这种兴奋情绪就会停滞，被抑制。焦虑就是现在和当时两种心理状况之间的裂缝。如果你能活在当下，当下的你兴奋起来，一切自发自如，并能马上转变成自然的行动，所以你不会感到焦虑。

生命的意义就是活着。它不能被出卖，被概念化，被强行塞进固定的套套中去。我们也渐渐意识到，操纵和控制最终都不能带给我们快乐的生活。真正的快乐是要实实在在地生活、有自己的立场观点、培养自己的兴趣、有健全的性格、放松自如。一点不错，确实如此。

> 我做我的分内事，
> 你做你的分内事。
> 我在这个世界上活着，

不是为了满足你的期望。
你在这个世界上活着，
也不是为了满足我的期望。
你是你，我是我。
如果我们偶然相遇，
那将是一件很美的事。
如果不能，那也没办法。

一旦你有了自己的性格，你便有了自己的一套僵化的套路。你的行为会变得很呆板，总是在人的意料之中。也就是说，你已经丧失了一种能力，即运用你所有的资源，来自由应对世界上出现的各种情况。你总是预先决定好用一种方式处理事情，也就是你的性格所包含的内容。所以，我认为，最富有、效率最高、最有创造力的人就是那种没有性格的人，这听起来是一种悖论，但却不一定是错的。在我们的社会里，我们总是要求一个人要有性格，特别是要有一个"优秀的"品格。因为那样的话，他做的任何事情就可以预测了。人们就可以将他分门别类，加以管理。

## 5.2 生物与其环境相适应的关系

《自我界限》（*Ego Boundary*）是一本书的名字。"自我"的界限并不是固定不变化的。如果它是固定的，那么它便会成为一种性格、盔甲或者是一种外在的保护层，就像乌龟的外壳一样。自我的界限体现了自我和其他人的不同。

1. 自我界限的两种现象就是认同和疏远。
2. 在自我界限之内，大体上会有凝聚力、关爱和合作；而在自我界限之外，却会有怀疑、陌生和不熟悉。
3. 吸引和排斥的极端情形：喜好和反感。世上总有一些两极分化的现象。在心理界限之内，我们可以感觉得到熟悉，感觉到什么是对的。但在心理界限之外，我们则感觉到陌生，感觉什么不对劲。好坏、对错的问题，只不过是在心理界限之内还是之外。而对和错总会牵涉自我界限，就看你在篱笆的哪边了。

4. 想改变的意愿都是出自对现实的不满。每次你想改变自己时，或者你想改变环境时，都是因为你对它们不满。

5. 憎恨就是将别人踢出你的自我界限之外——疏远他们，遗弃他们。

如果我们不能接受自己的想法和感觉，就会想方设法地抛弃它们。我们可以坚持一些好的想法，但是这种坚持是有代价的，因为同时我们不得不遗弃很多宝贵的想法。我们之所以只运用了一小部分的潜力，是因为我们不愿意接受自己，或者说不接受这个"社会"。随便你怎么称呼它——不愿意接受我自己，你自己，不愿意接受那个出生时就形成的生物等。

你不应该允许自己，或者说你不应该完全做你自己。如果这样的话，你的自我界限会一而再，再而三地缩小。你的力量，你的能量也变得越来越萎缩，应对世界的能力也越来越差，越来越呆板，越来越受你性格的限制，越来越先入为主。

一个活生生的机体生物要经过成千上万次的演变，他的每一步演变，都要和他的界限外的其他媒介互动，发生关联。所以，有必要跨过那个界限，而这就是我们所说的接触。

当我们与环境接触时，我们就取得了联系。我们把界限拓展到那些未知的事物上。如果我们僵化不变、故步自封，我们便不会发展，就会原地踏步。

人活着就会消耗能量，我们需要能量来保持身体机制的运转。而这个交流的过程则叫做新陈代谢。不管白天黑夜，生物与环境之间的新陈代谢，以及生物内部的新陈代谢，都在不停地进行之中。

完形是一种有机的功能（行走—喝水—行走）。这个事件才刚刚结束，下一个未完成的事件就会出现，这就是说，我们的生命事实上就是基于一系列无限的未完成事件——不完整的完形。一完成一个事件，下一个马上接上了。

## 5.3 三种哲学

1. 空谈主义。对于某件事，我们谈了又谈，纸上谈兵，却根本没有付诸实践。用科学的语言解释就是，你经常扯无关紧要的事，旁敲侧击，永远触及不到问题的核心。

2. 应该主义。你应该这样做，你应该改变自己；你不应该这样做，不应该那样做——成百上千的命令祈使，但是，却从来不考虑别人对所谓应该做的事到底能做到多少。不仅如此，大多数人都期待这会有魔法咒语的作用，只要说一句"你应该做这个"，就会对现实产生实际影响。

3. 存在主义。存在主义想摒弃概念，只靠意识原则或者现象学行事。现在的存在哲学所遭遇的挫折就是，它们需要从别的哲学思潮中寻求支持。这些存在主义者会说他们是不相信概念的，但是，你注意一下存在主义哲学家们都从其他传统、流派借用一些概念。布伯（Buber）从犹太教传统，狄里希（Tillich）从新教，萨特（Sartre）从社会主义，海德格尔（Heidegger）从语言哲学，宾斯瓦格（Binswanger）从心理分析，无一例外到借用了他者的资源。

完形疗法是第一个有自身学科特点的存在哲学。这门学科的立足点基于自身的完形构成，完形本身是个基本的生物现象，它的出现使这门学科更加充实。完形疗法寻求的是，与医药、科学以及整个宇宙中的其他一切事物和谐共存，密切合作。

生物体就是一个处于平衡中的系统，这个平衡的体系必须要正常地运行，稍有任何不平衡都由平衡予以互补。事实上，现在我们体内有成百上千个未发生作用的生理机制，那为什么我们的大脑和身体没有完全陷入混乱，每个系统还在有条不紊地工作呢？我还发现了另外一点，从适者生存的角度来看，最紧急的生理机制成为控制者、引导者，并最终掌控了环境。

如果出现最急迫的情况，不管多么紧急，你都会意识到，这件事应该优先于其他事（例如，如果突然失火，你得紧急逃跑——由于缺氧而上气不接下气，你可能得停一会，但还要再逃命）。

## 5.4 自我调节与外在调节

要切记和理解最重要的一点，意识本身或纯粹的意识可以起治疗作用。在有了完整意识的情况下，你就能意识到生物的自我调节；你就能让生物不受干扰地自己调节自己。我们可以完全相信，生物有自我调节的智慧。

而与之相对的是，病理学的自我操纵、环境控制等手段，病理学干涉了生物体微妙的自我控制。

当我们对自己进行自我操纵时，经常用"问心无愧"这个成语来掩饰。良心什么都不是，只是一个幻想，只是一个在父母身上的投射。"好心办坏事"，任何出自个人理想的改变愿望，到头来只能达到适得其反的效果——就像我们为自己制定的新年计划，尽管有计划，到头来还是一场空；拼命与众不同，而结果还是平庸不堪；想掌握自己的命运，到头来还是一事无成。

如果我们希望处于我们世界的中心，不是我们的电脑或其他事物的中心，而是真正以自我为中心，那么我们的左右手都要能灵活运用——我们要看到，每件事情都有两个极端。我们知道，光不可能和黑暗分离而独立存在。如果什么事物都千篇一律，你就不能意识到它们之间的差异。如果一直有光明，你就不知道光明到底是什么。要了解光明，你就必须理解光明和黑暗交替的节奏。

## 5.5 胜利者和失败者

如果我们考察一下两位喜剧演员，一个是当红的明星，一个是事业的失败者，在我们幻想的舞台上上演自我折磨的游戏。我们就会发现，这两个人物的情况可能是这样的：

### 优势者

通常得意的优势者代表着正直和权威。他深知这条规则。他有时正确，但永远都代表正义。优势者总是盛气凌人，想操纵别人。他总是教训人"你应该这样做"和"你不应该那样做"。优胜者总是根据需要操纵别人，动辄威胁他人"如果你不这样的话，那么，你就不会得到爱情，不能上天堂，或者说你死定了之类的话"等。

### 劣势者

劣势者则是采用防御性的战术，或整日将"对不起"挂在嘴边，或者骗取别人的欢心，装出一副可怜相等。劣势者没有权力。如果劣势者是米老鼠的话，那优胜者就是超级老鼠。劣势者总是采取这样的策略："我尽了我的最大努力。""看，我一遍一遍的努力，但是失败了，我也没办法。""我是好心。"所以，你可以看出，劣势者很狡黠，会找借口逃避，他们经常会打败优胜者，因为他们不像优势者那么坦率。所以劣势者和优势者争抢控制权，就像每个父母和孩子那样，都想占上风。完整的人就被分裂成控制者和被控制者两个断裂的部分。但是，优势者和劣势者的内部纷争永远没有完结，他们为自己的生存不得不决一雌雄。

这就是著名的自我折磨游戏的基础。我们经常想当然地认为，优势者就是对的，然而在很多情况下，优胜者不可能达到完美主义者提出的要求。所以，如果你被完美主义诅咒，那你就肯定完蛋了。这种理想主义是一个标尺，它让你有机会恫吓自己，严责自己和他人。既然这个理想是不可能实现的，那么你永远也达不到那个完美主义的标准。你只是执迷于这个理想，那种自我折磨、自我纠缠和自我惩罚也永远没有尽头。完美的理想只是隐藏在"自我改进"的面具后面，永远不会起什么作用。

如果一个人想达到优势者的完美主义标准，那么结果只会是"神经崩溃"，或是为争斗陷入疯狂。这就是劣势者屡试不爽的一个工具。一旦我们认识到自己行为的模式会在"自我提高"中给优势者和劣势者造成差别。如果我们通过倾听来理解上述行为，纷争不已的两股力量之间就会达成和解。意识到这一点，我们就认识到，我们不能有目的地改变自己或改变他人。

这是一个关键点：许多人一生都致力于去实践一个他们"应该"怎么样的理念，而不是去认识、实现他们本身。自我实现和自我形象实现两者之间是有差异的，这一点非常重要。很多人都只是为他们的自我形象而活着。

许多人有自我意识，但更多的人心中茫然，因为他们都忙着把自己设想成这样或那样的人。这又是理想的诅咒。这个诅咒就是不要你做你自己。每个外界的控制，甚至内在化的外界的控制——"你应该"——戕害了生物体的健康运转。而这才是唯一应该控制的状况。如果你理解你现在所处的状况，让你现在所处的状况引导你的行为，那你就学会该怎么应对生活了。例如，当你开车时你不是完全按固定程序驾驶车辆上路的，也要考虑一下路况（搏击实战中也是一样）。当你累了的时候，当天下雨的时候，你开车的速度也应该有所变化。

我们对自己越没有信心，与自己、与整个世界的接触就越少，我们就越想控制他人。

当下就是经历，也就是意识，也就是现实。

完形疗法既是一种现象学方法，也是一种意识到存在的方法，当然也是一种立即采取行动的行为主义方法。

## 5.6 四种基本哲学方法

1."空谈主义"把任何情感上的反应或其他真实的情感都排除在外——把人当作物一样。在心理疗法中，空谈主义建立在理性和智慧之上。而且，治疗家在"理解"游戏中说，"这就是困难的症结所在。"这个方法建立在不接触之上。

2."应该主义"在你的成长过程中，反复强调"你应该做什么"和"你不应该做什么"。你浪费了大量的时间和自己玩这种"应该的"游戏——就是我说的"优势者和劣势者的游戏"，或者说是"自我提高的游戏"，"自我折磨的游戏"。"应该主义"是出自对现实的不满。

3. 存在主义的方法是接近真相的不断尝试。但是什么是真相？真相就是所谓的"拼装游戏"而已。

4. 完形疗法试图通过事件产生的方式来理解其存在，通过影响广泛的完形构想的训练，以及生理上未完成的紧张状况的训练，弄清楚人的生存过程，而不是原因。在无处不在的完形疗法中，我们试图通过人生理机能的紧张机制，来了解人的存在。换句话说，我们试图和每个事件保持和谐一致，特别是与自然保持和谐，因为我们是自然的一部分。

## 5.7 思考即是角色演练

思考就是在想象中扮演自己的社会角色。而到了要上台表演的时刻，你却还不确定你的表演是否能大受欢迎，所以你怯场了。

怯场在精神病学中有个专门的名字叫做"焦虑症"。"我考试的时候要写些什么呢？""我的演讲要怎么表达呢？"你遇见一个女孩，然后想"穿什么才能给她留下一个好印象呢？"等问题。所有的排练都是为了你将要扮演的那个角色。

在恐惧中，我们的个性或潜力的一部分不能正常发挥作用。

"连续意识"、"发现"和"成为"都很清楚各自的实际经历。如果你一直这样想的话，你就能很快遭遇到一些不愉快的经历——就是现在所做的事被不停地打断。这种"连续意识"的被打断搁置，可能使人变得不成熟，使心理治疗没有疗效，使婚姻陷入泥沼，并使内在冲突和矛盾得不到化解。

这种回避倾向的全部目的就是，维持现状（什么是现状？现状就是抓住"我们的心是赤子之心"这个概念）。我们之所以还在扮演孩子，是因为我们害怕负担责任。要想扮演历史赋予我们的角色，我们必须变得成熟一些，也就意味着我们要放弃"我们有父母庇护"的观念，放弃不是服从就是反抗的想法以及其他作为孩子的幼稚行为。

成熟是从依赖环境发展到自立的过程。不管神经质的孩子怎样运用他的潜能，他都不是为了自立，而是在扮演假的角色。这些假的角色只是为了调动依赖的环境，而不是调动他的潜能。在角色扮演中，人们用无依无助、装傻、求教、拍马屁等手段来操纵环境，结果是却遇到了问题的症结点或陷入僵局。

一旦我们无力支持我们自己，且不能获得环境的支持时，就会出现僵局。如果有一个人没有眼睛，有一个人没有耳朵，有一个人没有腿，有一个人没有洞察力，还有一个人没有情感，那会是什么情况呢？无聊、空虚、寂寞会让生活变得很空虚，为了填补这些空虚，我们就需要打破僵局。僵局带来的挫折，使我们努力寻找打破它的捷径，而挫折是整个学习过程必不可少的一课。

## 5.8 学习过程

有两种学习的方法。第一种是获取信息；第二种就是让别人向你解释概念是什么，有什么用及世界是什么样子。然后你把这些输入电脑，开始

玩拼装游戏。那么，这个概念真的和其他概念相吻合吗？

不管怎样，最好的学习方法并不是通过收集信息，将它们简单排列。学习是一个发现的过程，揭示存在于我们身上的本质内容。而在这个发现过程中，我们也会显示出我们的才干和眼光。为了发掘自己的潜能，弄清楚正在发生些什么，去发现怎么才能扩展我们的生活，找到解决困境的方法，我们需要去发现。我认为，所有这些，此时此刻就正在发生着。

对于任何事物都随意猜测，依靠从外界得到信息和帮助，这一切都不能让你变得成熟。所以，任何和我一起工作的人，都必须要坚持到底，把握现在所做的事情。"我在经历它。""现在我感觉到了它。""我不想再工作了。""我厌烦透了。"根据这些人说的话，我们可以区分他们的心态：是否想逃走，愿意不愿意受苦，是否感觉痛苦等。真正能分清这些的不同心态，才是健康的心态，然后，世界才向你敞开大门。

## 5.9 对中的过程

"对中"是说所有对立力量的调和，这样，它们就不会把精力浪费在彼此无用的争斗上，而是将消极的力量转化为积极的力量，并相互作用。

"存在"的反义词是什么？脱口而出的回答也许是"不存在"，实际上却非如此，"存在"的反义词是"反存在"，就像"物质"的反义词就是"反物质"一样。在科学上，我们终于回归到前苏格拉底时代的哲学家赫拉克利特的观点。他说，万物皆流，万物皆动，万物都是一个过程。没有"事物"的本质存在。"无物"在东方语言中就是"虚空"。西方人认为"无"是空的、虚的、不存在的，而在东方哲学和现代物理科学中，"无"——"无物"——是一个不断发展变化的过程。

在科学中，我们致力于发现最基本的物质，但是随着我们把物质划分得越来越细，我们发现有更多的其他物质存在。我们发现了物质运动，而物质的运动就等同于能量：物质运动——冲击——能量，但是没有产生事物。事物的产生多多少少都是因为人们对安全的需要。你能操纵一件事，你就能玩拼装游戏，这些概念和事物在一起可能再组成一些别的事物。"某事某物"（something）是一件事，所以即使是一个抽象名词，也能成为一件事物。

## 过　程

要理解事物存在的意义，即要赋予事物以生命，我们必须再次把它们变成过程。实体化就是把事物变成过程，我把这一作用的过程称之为爆发、精神紧张或死亡层。

如果你拥有肉身，你就有心灵。很显然，身心这些东西都是属于"我"的物体。"我"就是那个傲慢的拥有者——或是受鄙视的拥有者，"我"即是心灵、身体、世界的拥有者。我只知道"在一定程度上，我是拥有身体的凡夫俗子"，而没有意识到，我就是身体心灵本身。在完形疗法中，我们通过观察一个人是如何运用语言的，就可以看出，他越是疏远自己，就越多地用名词替代动词，特别是用"它"这个词代替"我"。

如果是一件"事物"的话，我们就可以直截了当地说它没有生命力。作为一个活着的人，我活着的时候就要说话、喊叫。而当我死了以后，我只有通过书面词汇"发言"，这种语言会帮助我表达自己。你也许注意到了，这种描述大多是由一系列名词构成，而生命所要做的就是把它们串在一起。

## 5.10 症结——僵局

一旦我们能够理解我们不愿接受那些不愉快经历的原因，我们就能进入下一个层次，也就是恐惧层。在这个层次中，我们会抵抗、排斥自我，这时会出现我之前所述的所有"不应该"。

如果我们任由这种恐惧症和排斥心理肆意发展，就会出现僵局。人在陷入僵局状态的时候，会感觉到死气沉沉、了无生气。我们感觉我们什么都不是，只是没有生命的物体。在心理疗法的每个细节中，我们都必须穿越这个闭塞的层次，找回本真的自我。但这是大多数心理疗法和治疗师逃避的过程，因为他们也害怕死亡。当然，不是死亡本身可怕，而是对死亡的恐惧和感觉令他们裹足不前。他们把幻想当成了现实。

一旦我们穿越那层死亡层，会有一些很特别的事情发生。这一点在精神紧张时表现得尤为突出，比如说当一个生命垂危的病人突然活过来时。

这就是死亡层消解时会发生的——爆发型情绪产生了。

通过死亡层后,爆发型情绪就发生在最后的神经层。据我看来,要找到本真的自我,这一过程是必要的。我们通常有四种爆发型的情绪:快乐、悲伤、性高潮及愤怒。有时这些爆发并不严重——它取决于我们消耗在死亡层的能量有多少。

基本的恐惧是害怕承认自我。如果你敢于探究自己是什么样的人,你就能立刻感到如释重负。你会发现没有什么能比解决问题,把它变成真正的自我宣言,更能发展你的智力了。突然,所有相关问题的背景都打开了,问题的起源也就显而易见了。

而不可思议且最难理解的事情是经验,对当下的了解,这足以解决所有的这种类型的困难。如果你充分理解了这个僵局,这个僵局会解开,而你就会发现,你突然穿过这个僵局了(例如,在两种食物之间做出选择时的自然偏好)。

## 5.11 赫塞论自我意志

自我意志是唯一可以不受人为法则影响的美德。一个拥有自我意志的人往往遵循与众不同的法则,也就是自己认为绝对神圣的唯一法则——他自己心中的法则,即自我"意志"。

自我意志是什么意思?难道不是指"有自己的意志"吗?人类的直觉要求人能学会适应和顺应他人——但是人类最高荣誉恰恰是被赋予那些有自我意志的人和英雄,而不是那些温顺的、胆怯的、懒惰的人。

一个有自我意志的人除了追求自我发展以外,别无他求。他只在乎一件事情——自身的神秘力量,这可以帮助他生存和成长。金钱和权力,既不能保存,也不能增强和深化这种力量,因为金钱和权力的产生都是源自于人们之间的相互不信任。那些不相信生命拥有上苍赋予的力量的人,或缺乏自身力量的人,被迫通过类似金钱这样的替代品来补偿自身力量的不足。

当一个人对自己有信心时,他在世上追求的仅仅是,自由而单纯地完成命运赋予自身的使命。他认为,所有那些过分夸大其辞的东西和价格昂贵的东西,都是身外之物,拥有和利用它们或许是快乐的,但这些不是生命的本质所在。

他一生中唯一追求就是无言的、不可否定的内心法则。随遇而安的人是难以适应这些法则的,但是对有意志力的人来说,这就是他们的命运和上帝赋予他们的使命。

## 5.12 走向自我解放

最佳的方法是培养抵抗的能力。哪里出现了抵抗,哪里就缺乏理解。所谓训练有素的思想,其实并不是自由的思想。那种所谓的"好方法",无论多么苛求精准,也会将人明确地训练成某一类墨守成规的人,而墨守成规、循规蹈矩永远不会带来自由(从战术的任意发挥来看)。这种照本宣科、枯燥的训练,并不能适应实战中不断的变化。实战是瞬息万变的,我们必须找出全新的应对法则。

按照固定的程式去训练,会妨碍我们发现真理,因为套路不是实战中会发生的情形。一个按照机械的套路去训练的人,心中一定会装满偏见。此时,他又怎么能够理解到功夫的最高境界乃出自于无形呢?

在本章中，我们读到的是李小龙思想的片段，是他在习武过程中随手记下的所感所悟。这些富有哲理性的文字充分地证明了李小龙是一个思考的武者，他将哲学思辨与武术紧密地结合在一起。

他认为，武术是一个人的展开：他的愤怒和恐惧。然而，在人类体验

# 第六章
# 武学手记

到的这些所有自然倾向中,在所有这些纷杂的情绪中,武术家仍然拥有一种"品质"——保持他自己。

因此,成为一名武术家也就意味着成为生活的艺术家。因为生活是不断进行的过程,人应该赶上潮流,发现事物的现实性,发展自我。

## 6.1 笔记一

习武必须有一种自由感，受制约的心灵从来不是自由的。

制约把个人限定在了特有的体系框架之内，这里只有有节奏的机械式重复和看起来"有活力""与实战相似"的动作。它成为一个往下坠的铁锚，这里学一招，那里学一招（修正一些局限），其中积累的形式越来越多，手段和目的也越来越多。

### 关系就是理解

你理解得越多，在每天所学知识中获得的蜕变也就越来越厉害。这样，你的心灵总是新鲜的，不受以前局限的污染。

理解的真相是你与对手的关系。它不断的运动，是"活的"，而不是静止的。形式所培养的却是反击，即针对一个选定的模式进行专门训练。与其造成反抗，不如当动作出现时，直接进入实战。在完全排除好恶并完全理解实际情况以后，毫无偏见的意识能够使自身与对手之间达成和谐一致。

### 封闭模式里的孤立状态

一旦接受了有偏见的训练方法，习武者就会受到局限，他总是被反击意识冲昏了头脑。他所演练的是按照招式去做的阻击动作，听到的是他自己的喊叫，而没有注意到对手的实际动作。

为了适应对手，习武者应该具有直接的领悟力。（当我们具有反击意识，持有一种将所学招式当作唯一正确方法的态度时，就不会拥有直接领悟力。）

保持"整体性"意味着能够对实际发生的情况作出反应。因为一切都在不断地运动，不断地变化，如果一个人执迷于一种有偏见的观点，他就跟不上实战中对手迅速的动作。不管人们是怎样看待招式中的钩拳和摆动，但对它们进行全面防御的必要性还是毋庸置疑的。的确，所有的格斗选手在实战中都运用它们（根据进攻招式的不同有所变化）——你必须盯住对方的手。

系统越来越重要，而人次之！

理解自我就是在实战中研究自己与对手的动作。

理解一场格斗，你必须以一种简单、直接的方式接近它。

关系是自我显现的过程。关系又是一面镜子，在其中你可以发现自己。存在意味着与对方互动。

固定的招式没有适应性和柔顺性，只会成为关住你的囚笼。

真理存在于所有的程式和招式之外。

在意识到活生生的对手存在的情况下，形式是虚妄的复制，为你的退却提供一个有序的、美丽的借口。

积累是一种自我封闭的抵抗方式，华而不实的"花架子"只会徒增抵抗。

## 6.2 笔记二

自由是不能预先设计的。实现自由需要一颗警觉的心灵，一颗充满能量的深邃心灵，这颗心不需要逐渐意识、而能迅速作出敏锐感悟，能快速实现其目的。

对于按照经典程式练功的人来说，自由的边界只会越来越窄。

理解不需要责骂，不需要固定的动作模式。你只需要观察，仔细地看着它，全神贯注。有感悟的心灵是充满活力的、动人的、充满能量的。只有这样的心灵才能理解什么是真理。

经典的方法和传统使习武者的心灵成为奴隶。你不再是单独的个体，而仅仅是产品。你的心灵是过去几千年历史的沉积。

生命是宽广的，毫无限制的——它没有界线，没有疆域。

不是信念，也不是方法，只有感悟是通向真理之途。这是一种毫不费力、柔顺而毫无偏见的状态。

一旦你有了圆心，就一定会有周长。在周长之内，以圆心为中心活动，你就成为奴隶。

那是一种没有中心的"整体感"。

消除、溶解了所有的经历之后，才能投胎转世地重生。

当你想进一步听清楚什么，你就停止了倾听。理解是一种持续的运动。因此，它不是静止的，也不是你行动开始的固定点。知识是受局限的，但理解是不受任何限制的。

生命没有答案，它需要用每时每刻来理解。我们所得到的答案，不可避免地遵从我们所熟悉的模式。

质朴是一种存在的内在状态，它既没有矛盾，也没有高下之分。解决问题需要这样的感悟力。这并不是指，心灵带着一种固定的成见或信念或者一种固有的思维方式去解决问题。

当然，一颗质朴的心灵是能够不带任何动机去运作和思考的心灵。一旦别有动机，就有了训练的方式、方法和体系。动机的产生是对欲望或目标的追求。为了实现目标，就必须要寻找一种方法，等等。冥想能使心灵解除所有的动机和欲望。

为了使心灵不受打扰，人创立了某种行为、思想及人与人关系的模式人逐渐成为模式（招式）的奴隶，把模式当成了现实。

心灵所下的任何功夫，只会限制心灵的发展。因为努力本身意味着朝着目标挣扎。一旦人有了目标、目的和看得见的终点，就给心灵加上了羁绊。在这种时刻，你需要反思和冥想。

今天晚上，我看到了一些全新的东西，体验到紧张的感觉；但是明天这种体验就成为机械性的，因为我想重复这种快乐的感觉。这样的描述不可能永远是真实的。真实的是此时此刻所洞见的真理，因为真理没有明天。

眼观四路，聚精会神地观察实际情况。

因为最高形式的思考是一种消极思考，所以冥想永远都不会是一个集中思想的过程。消极思考不是与积极思考相对立的。作为一种消极思考方式，它既没有正面的东西，也没有反面的东西。它是一种完全"空"的状态。

集中注意力是一种排除杂念的形式。哪里有排除杂念的思考，哪里就有要排除杂念的思考者。要排除杂念的思考者需要集中注意力，需要引出矛盾，因为走神和分散注意力需要有一个中心出发点。

毫无例外，意识没有边界，它是人的整体存在在追求某种东西时赋予人的。

集中注意力是缩小心灵的思考范围，但是，我们关心的是人的整体生活过程。如果全神贯注地盯着生活某一方面，也就是鄙视生活。

对于充满活力的事物，我们怎么能设计出方法和体系？对于静止的、一成不变的、死亡的东西，我们能找到方法，一条清晰的道路，但对于有生命力的东西不行。不要把活生生的现实缩减为静止的东西，然后发明能阐明这类事物的各种方法。

顺从、否定和信服妨碍了理解。让你和说话者的心灵感性地在理解中逐渐靠近，只有这样双方才有真正相互交流的可能。当然，要理解对方，你必须处于一种毫无偏见的心境之中，你不能有高下、好恶之分，也不要为了表示"赞同"或"反对"才来期待一件事情的深入发展。总而言之，不要从结论开始。

理解不仅仅需要感悟的那一刻，而且要有连续的意识，对于一件事物有持续不断的好奇心，而不匆忙下结论。不存在无拘无束的任意思考，所有的思考都有偏见，都不是全面客观的。思维是记忆的反应，而记忆是带有偏见的，因为记忆是经验的结果。思维是一种心理反应，它受经验的局限。

不言而喻，知识总是与时间相关，而"认知"不受时间限制。知识有一个源泉，它来自积累，源自结论，而"认知"是动态的。

积累知识的过程仅仅是培养记忆，这一过程逐渐变得机械。学习从来不是渐进式的积累，它无始无终。

这是一种没有选择、没有需求且没有焦虑的意识。如果你处于这种心境之中，就会有感悟。只有感悟才能解决所有的问题。

身处一种感悟的状态，心无旁骛，即是存在的状态。

行动意味着我们自身与各种事物的关系。

行动并不意味着对错，只有有偏见的、非整体的行动，才存在对错。

如果一个聪明的大脑刻意追求天真无邪的话，那么它就看不清楚事物的真相；只有心灵处于无欲的、天真的自然状态，它才能看清楚事物的真相。

只有审视问题的时候，才能发现真理。问题从来就离不开答案。问题中本身就有答案——理解了问题，就能化解问题。

当心灵受中心点羁绊的时候，它就不是自由的，因为它只能围绕中心点而动。

如果人被孤立，也就意味着死亡。他被自己思想的堡垒所禁锢，不能越雷池一步。

要自由地思考，必须敞开心灵的大门。受限制的心灵不能自由地飞翔。

集中注意力思考的心灵不是专注的，但只有处于一种自我意识状态的心灵，才能集中精力思考。自我意识并不排他，它有着海纳百川的胸襟。

## 6.3 笔记三

截拳道不是沉思或冥想的方法，而是关于存在的方法。它既是经验，也是一种无方法的"方法"。

截拳道寻求的是"顿悟"，它衍生于对纯粹虚空（并非"空"）之中主客体对立统一关系的分析——顿悟并非一种经验，或者是一种思维活动和自我意识的主体。截拳道是"纯粹存在"的自我意识（超越主体和客体之分），及时抓住了存在的因果关系（而不是特殊的现实）。

心境是一种终极现实，它意识到本身的存在，但不是我们经验意识的中心——"处于"一种心境，而不是"拥有"一种心境（无心和不动心，眼里无形而心中有形，是有区别的）。

与所有的现实神交吧！

禅宗"佛心宗"认为，这种洞见是一种主观经验，是可以通过某种心理净化获得的，它注定要把人推向错误和荒唐。

这并不是一种内省的技术，让人排除物质的外在世界，消除杂念，在沉默中打坐清除自我意识或者把自己的意念集中于纯净的精神本质。禅不是神秘的内省或退隐，它也不是一种可以通过修炼获得的沉思冥想。不要把参禅的冥想作为一种手段，与顿悟作为一种目的绝然分开——两者是浑然为一体的。禅宗的修炼就在于寻求实现这种浑然一体的整体性，在所有行动中要做到将手段和目的、沉思与顿悟融为一体。

### 三种错误

1. 发明一种经验的自我，让它以自己为目标观察自己；
2. 把人的思想当作一种物体或占有物，将它作为一种独立存在的"单独部分"——我"拥有"心境；
3. 心如明镜台，时时勤拂拭。

这种"我执"和自我意识，寻求在"解放"中肯定自我，它诡计多端地试图超越现实，排斥它占有的思维，掏空心灵之镜，这也是一种执迷不悟——"空"本身可以被看成是一种"占有"和"成就"。

顿悟不需要下功夫，也没有主体。

禅不是通过"拂镜"式的沉思而获得的，而是通过现世生命中的"坐忘"而实现的。我们不是通过下工夫"变成"现在的自己，而是本身就"是"我们自己。不要努力成为什么，显示生命的本真即可。

空（或者无意识）有两方面的含义：（1）它就是指一种实然；（2）它是被察觉的，它能够意识到自身的存在。打个不适当的比方，这种意识就在"我们"之中，或者更适当地说，我们身在"其中"。

只有客观地看待事物本身，而不被事物所累——无意识意味着对相关的（有经验的）心灵一无所知。

### 无拘无束

当思维在任何地方不被任何事物所羁绊——就是无拘无束的自由境界。生命的本原就是无论何时何地都不受限制。

顿悟不是自我实现，而是超越主客体二分的纯粹实现。

能看清"无物"才是真正的"看见"。

看见并不依赖任何东西。这是一种超越主客体的纯粹的"见",因此又是一种"不见"。

禅宗解放的是受羁绊的心灵,让想象的心灵自由飞翔,因为"客体"太容易具体化,变成偶像,让追随者执迷不悟,误入歧途。

**纯粹的"见"**

"无见"和"无心"并不是放弃,而是成就。心中无主体客体之分的"看见"就是"洞见"。

"真理使我们自由",其中的"真理"指的并不是知识,而是在具体存在的意识中生活过的、体验过的真理。

**什么是艺术?**

艺术是感情的交流。

艺术必须来源于艺术家的体验和感情。

许多伪艺术来自虚伪或者努力创造一种并非出自实际体验和感情的艺术品。

恰当的形式需要个性,而不是模仿性的复制;它需要简洁而不是累赘,明晰而不是朦胧。它需要简洁的表达而不是复杂的形式。

## 6.4 笔记四

像其他任何艺术一样,武术是人类表达自己的一种方式。有些表现形式有品位之分,有些隶属于逻辑分析(在某些特殊情况下),但是大多数表现形式涉及的只是机械地复制某种固定的模式。

这种情况非常有害,因为活着就是表达,要表达,你就需要创造。创造从来就不是墨守成规,也绝对不仅仅是复制、重复。请切记,我的朋友,所有的套路是人设计的,人永远比套路重要。套路总结人的实践经验,人是不断成长发展的。

因此,武术最终是人体动力的运动表现形式。其中最重要的是人,他可以表达自己的灵魂。是的，武术是一个人的展开：他的愤怒和恐惧。然而，在人类体验到的这些所有自然倾向中，在所有这些纷杂的情绪中，武术家仍然拥有一种"品质"——保持他自己。

这绝不是输赢的问题，而是在那一刻展现自我存在的问题，全心全意地投入那一特殊时刻，发挥出最好的状态。这样，无论发生什么，都不必问后果。

因此，成为一名武术家也就意味着成为生活的艺术家。因为生活是不断进行的过程，人应该赶上潮流，发现事物的现实性，发展自我。

## 6.5 笔记五

在武术的悠久历史中，盲从和模仿的本能似乎是许多练武的人、教练和学生固有的特点。部分原因是，他们都是人；还有一部分原因是，招式需要一定的模式（因此，要想找到一个给人带来一股清风、有创造力的宗师是很难的，这类人现在凤毛麟角）。自从设立了各种武术机构、学院、学校和功夫坊等，就出现了各种门派的武术教师，各种"指路人"应运而生。

每个人属于某一门派，声称他们拥有其他门派没有的真理。这些门派风格的招式形成了固定的体系，每个门派都有自己的"功夫之道"。分解、孤立阳刚和阴柔之间的和谐，把他们招式套路的百科全书，设计成有节奏的形式。

因此，离开了手段的所有目标都是幻觉。处于这种幻觉的人否定自我存在。千百年来不断重复的错误成为法则或者信念，妨碍了追求知识的真理之道。这样的"方法"在本质上意味着无知，也之中是以一种恶性循环的方式遮蔽了真理。我们应该打破这一寻求知识的怪圈，我们寻求的不是知识，而是发现无知的原因。

　　如同他对待武术的态度一样,李小龙把表演看作自我表现的方式,因此,他把表演说成是"可视的灵魂音乐"。李小龙的武功名满天下,但在他成名前,许多人对他在演艺界的成就还不太了解。实际上,在他18岁之前,他已经在18部中国香港华语影片中扮演过角色。

　　李小龙年龄很小的时候,就接触过演戏。他的父亲李海泉是粤剧"四大名丑"之首,而李家的许多亲戚朋友一直到现在还在演艺界工作。

　　终其一生,李小龙对电影表演这种艺术形式痴迷不已。1973年,他成为

# 第七章
# 表演艺术

电影界炙手可热的明星，即使已经取得了这样的成功，他还是继续购买大量有关艺术、表演艺术和电影制片的书籍，以进一步加深他对电影的理解，增强他的表演能力，用他自己的话来说是，成为一名"称职的艺术使者"。

下面这些文章写于1971年至1973年之间，此时，李小龙开始回到中国香港制作影片。由于李小龙在手稿中没有留下日期，写作它们的准确日期不得而知。不过，它们揭示了李小龙敏锐的内心世界，德艺双馨的高贵品格。最终的结果就是我们现在所看到的，电影与武术完美无缺的"结合"。

## 7.1 到底什么是一位好演员？

在我看来，一位演员首先是人，而不是一种被称为"明星"的耀眼符号。"明星"是一个抽象的概念，是人们赋予你的一种荣誉。

如果你把这种赞美之词很当一回事情，并且为此沾沾自喜的话（是的，我们都是凡人，不能免俗），你就忘记了这样一个事实，曾经围绕着你的那些人，在你不再炙手可热的时候，很可能会抛弃你，而去追捧另外的胜利者。不过，交什么样的朋友是你自己的选择，你自己的权利。（虽然选择需要自我反省，但毕竟是你自己的选择，你有选择的权利。）

我从影二十多年的经历使我不得不这样看，演员应该是一位专心致志的人，他非常有敬业精神，拼命地工作。他拥有超常的理解力，这使他能够成为称职的自我表现艺术家。无论从体力、心理还是精神上都能够打动观众。

有许多人知道，我是自愿做一名武术家的，也是一名职业演员。每天通过心灵上的发现和坚持不懈地锻炼，我希望实现自己的潜能，也成为一名生活的艺术家。

## 7.2 作为整体形象的演员

现在的电影工业是创意与商业的结合物，两者互为因果。

对于身居电影业管理层的老板来说，演员只是一件商品、产品，它涉及的是金钱，除了金钱还是金钱。他们关心的主要是"影片是否有票房价值"，票房价值对他们来说是最有吸引力的事情。在一定程度上，他们是错的，然而从另一个角度看，他们是对的。后面，我将详细谈谈这个问题。虽然电影是商业和创意天才结合的产物，但是，把演员——一个有血有肉的人——当作产品，在情感上对我来说有点难以接受。

一名演员，特别是一名优秀演员，不应该是墨守成规的人，而应该是"有能力的传递者"。我指的是，演员并不是被动地接受，而是在艺术上无形地将商业和艺术融合起来，成功地打造成一个有机的整体。平庸、缺乏创意的演员如过江之鲫，沉下心来训练一名在心理上和身体上"有能力"的演员，绝非易事。正如没有任何两个人是完全一样的，演员也是如此。

现今一名真正训练有素的优秀演员是非常罕见的，这需要真诚，做真正的自我。现在的观众并不是傻子，演员并不是简单地向别人展示一下，让别人相信他是在表演。这仅仅是在模仿或描述，并不是创造，即使表演起来有相当的专业水平，那也只不过是在华而不实地"表演"而已。

那么，什么是一位优秀演员的品质？首先，他应该不是"电影明星"，这只不过是人们给予的一个抽象名词罢了，一个符号而已。与其说人们愿意从事演艺事业，不如说他们更想做"电影明星"。对于我来说，一名演员应该具备的综合素质有——对生活的领悟力，独到的鉴赏品位，对幸福和逆境的体会，感染力，教育背景等。

还有一种素质是，在一个特定的场合真诚地表达自己。因此，做演员并不是以自我为中心，而是通过发现和深层次的灵魂拷问，保持平常心，学习更多的东西。敬业，绝对的兢兢业业，能够使演员不断成长。

## 7.3 表演艺术的自我实现与自我形象的实现

电影业注重实际商业活动与创意之间的相互依赖，虽然前者主导着潮流。人们希望男女演员起着"传递者"的作用——也就是希望他们能够协调好商业与演艺之间的关系，将二者完美、恰当地融为一体。

现在，要想找一些平庸的演员是不困难的，但优秀的演员却十分罕见。而在搏击艺术中，要训练好一个高手，一个在心理和体格上都非常成熟的搏击选手，也非易事。一个在上述两方面都恰如其分，并且具备罕有敬业精神的演员，只能说是可遇不可求。

那么，什么是演员？他是否具备一种超然的综合素质？对于一位演员来说，他的理解力，感染观众的能力至关重要，因为他在根据剧情表达自己的感情时要是真诚的，这是鉴别普通演员和艺术家的标准之一。美国人有一个形容这种演员的词叫"魅力"。观众从荧屏上所看到的是，演员的理解力、品位、教育背景、感染力等的综合体。

## 7.4 一位演员的心声

  这篇文章表达了我真正的个人信念，我对动作电影行当的个人看法，以及作为一名演员和普通人的真实信念。总而言之，我应该对自己负责，做一个正直的人。剧本必须健康向上，导演也应该正派，表演的时候自己也应该全身心地投入到角色中去。所有这一切处理好了之后，赚钱也就是自然而然的事。

  在当今，电影业的一些人把演员看成是产品，而不是有血有肉的人（我得承认，电影是艺术和商业联姻的产物）。不过，演员作为一个人，有权利做一个最优秀的产品，这种"所谓的"产品会自己行走，会勤奋工作，充满商业味的电影界应该倾听他们的声音。根据你的自身条件，你有义务使自己成为最优秀的产品。不一定要成为赫赫有名的或最红的演员，但要成为素质最优秀的演员。如果能达到这一标准，一切想要的都会随之而来。

  所谓的"大明星"并不一定都是素质最优秀的演员。但现在麻烦的问题是，有许多人不是想做一名演员，而是想当明星。"明星"这个地位象征显得很天真幼稚，这样的明星只喜欢听到自己喜欢听的话，他们天真地认为，即使自己某一天突然成为一件无用的产品，也就是卖不出去的产品的时候，自己身后还会跟着一大批唯唯诺诺的"影迷"。

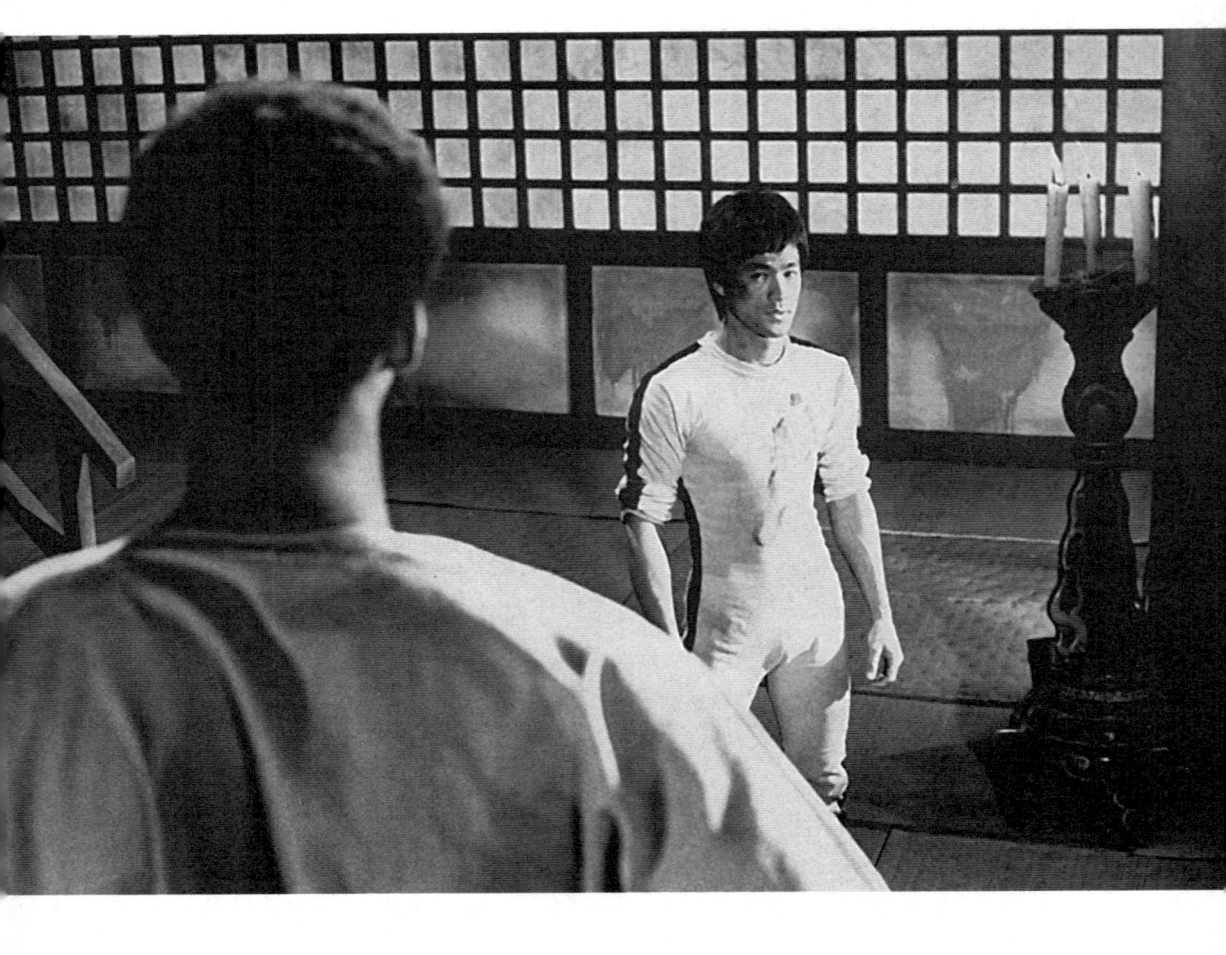

　　李小龙曾经写道："所有类型的知识归根结底意味着对自我的认识。"了解自己的需要是李小龙教导的主题之一——特别是在他生命最后四年的岁月里，他一再强调这一点。李小龙的挚友、好莱坞超级影星斯蒂夫·迈克奎恩（Steve McQueen）曾这样评价他说："小龙非常注重追寻本真的自我。他给别人的建议是'认识你自己'……他所拥有的聪明头脑是通过发现自我得来的。他和我过去经常在一起长时间讨论这方面的内容。不管你这一辈

## 第八章

# 自我发现

子做什么,如果你不了解自己,你将永远无法学会欣赏生活中的任何事情。"

　　本章为读者呈现的是李小龙有关自我认识的信念,他认为有必要将它诉诸笔端。这"自我发现的过程"的八个不同手稿,使我们回忆起他研究心理学时关于自我实现的内容——而不是自我形象的实现。这绝不是李小龙摆出做学问的样子,而是他关于人生的意义、人的终极现实的深刻洞见。毫无疑问,这些文章是李小龙写的最发人深省、最能给人以启迪的文章。

## 8.1 李小龙在中国香港写的第一篇文章

这是我第一次写有关我自己的文章。它并不是流水账之类的内容。然而，在此刻我不知道这篇"精心撰写的文章"应该献给谁。或许我应该说，我所写的只是我想写的事情而已。此外，我有一种冲动，即尽量做到诚实，把真情实感写进去。我知道我并不是收到了法庭传票要我讲述事实真相，但我要表达的除了真相以外，别无其他。

不可否认的事实是，我已经成为一个公众人物。从一个有能力的中国拳击手突然变成一个有名的演员。（我不是谋略大师。如果你说我沽名钓誉的话，我也无话可说，你有你的权利。）请注意，我说的是演员，不是明星——我也有那种经历。令人悲哀的事实是，有许多人只想做明星，不想做有素质的演员。

当我向观众展示我的技能的时候，我感觉良好。为什么呢？因为，亲爱的，为了到达这一步，我拼命努力。这意味着敬业，不停地努力工作，不停地学习和发现，当然，其中要牺牲掉许多东西。

## 8.2 自我发现过程（一）

首先要说的是，写这样的文章并不是一件容易的事，写自己是最难的，因为每个人都是很复杂的。就如同眼睛只能看到外表，不能看清楚内在。退一步看，如果一个人碰巧陶醉于想象出来的自我之中，那就简单多了，可我不是这种类型的人。这使我头疼。

我逐渐意识到，真正写有关自己的东西，必须对自己要诚实才行，无论什么时候这都是铁定的事实。也就是我们有责任对事实负责。只有这样才是一个纯粹的人。

好了，从孩提时代起，我体内就有一种本能的冲动，促进着我潜能的发展。花了好长时间，我才弄明白，自我实现和自我形象幻觉的实现是有区别的。根据我的亲身观察，我深信，只有绝对的诚实和直接的自我拷问，才能让我们获得真正的顿悟。

生命是一个不断演进、更新的过程，这意味着"活着"，而不是"为某种目的而活"。你不能把它塞进一个自我构筑的安全模式，不能陷入一个机械控制和精心操纵的游戏。相反，做一个我所说的有"品位"的人，你应该胸怀坦荡，踏踏实实，有勇气显露本真的自我。

然而，许多人所说和所做的完全相反。每天他们披上自我保护的安全外衣（就像婴儿吮吸自己的大拇指一样），把自己装进各种各样自我设计的安全模式，玩一种僵化的游戏。

经历了种种人生沉浮之后，我认识到，没有他救，只有自救。自救有许多种形式：每日通过无偏见的观察去发现，全心全意尽力而为；坚持不懈的、偏执的敬业精神；最重要的是意识到对这些东西的追求是没有终点和界限的，因为生活是一种不断演进、不断更新的过程。我个人认为人的责任是：胸怀坦荡、踏踏实实、简简单单地做人。

在这个世界上，有许多人不能触及到问题的核心，只是在精神上或情感上谈谈怎么做这个，怎么做那个。他们只是空谈而已，并没有付诸实践。当然，我们探讨的只是其中的一部分，还有许多其他类型的人。另一种类型的人表现为，你"应该"这样做，你"应该"那样做。这就是"应该是"与"实际上是"的情形。

你能够说我没有任何招式，当然，我必须承认，我学武术的开始是师从咏春拳的叶问师傅。不久前我们还在一起喝茶。虽然我们的观点不同，我尊敬师傅本人。无论怎么说，他是我咏春拳的老师。

归根结底，下面所写的是一个名叫李小龙的真诚的、诚实的心路历程——他的武术（这通常是最重要的），他对电影界的看法，最后，也最重要的是，李小龙是谁？他将要去哪里？他希望发现什么？

要完成这些使命，一个人需要自立自强，发现自我的无知。对于懒惰和不可救药的人来说，他们可以不理睬我所说的，爱干嘛就干嘛去。

## 8.3 自我发现过程（二）

对于写什么，我还没有任何计划，只是打算写一些想写的东西。如果我的写作能够传递信息并直抵人的内心深处，自然是好。如果不能，那就听之任之吧。

许多人对未知的事物感到不自在，即任何外来的、威胁到他们一贯生活模式的东西。因此，为了确保安全感，他们喜欢按照自己有把握的固定模式行事。

即使如此，人类也是有智慧的动物。做一名武术家意味着要具备排除偏见、破除迷信、丢掉无知等高水平搏击选手的基本素质，让马戏团的花招留给表演马戏的人自己看吧。在心理上，这意味着火一样的热情，不偏不倚的态度。

## 8.4 自我发现过程（三）

这篇文章包含了我对武术、表演以及人生的基本看法。当然我会把写作过程中不断涌现在脑海中的想法记下来，还会记下我写作这篇文章时的感受来和读者交流。现在让我们开始吧。我相信，许多人不喜欢未知的事物，他们会认为，人类不同于低等动物，是有智慧的高级动物。

然而，问题在于有些人心中只有自我，而更多人心里是茫然的，因为他们整天忙忙碌碌，花费大量的精力把自己塑造成这样或那样的人。他们的一生致力于实现一个概念，就是他们应该是什么样的人，而不是实现一个人不断增长的潜能。"存在"与"拥有"相比，我们不能"拥有"心灵，我们与心灵是一体的。我们就是本真的自我。

当一个问题的答案被确定后，我想知道，我们当中有多少人会不厌其烦地重新审视现成的答案？这些答案自远古以来，可能从我们学会写第一个符号开始，就一直被强迫性地塞进我们的大脑中。是的，我们拥有一双能够去观察、去发现的眼睛。然而，我们当中的大多数人从严格的意义来讲，并不会"看"。我必须说，当眼睛用于观察别人明显错误的时候，大多数人会眼光敏锐，随时准备予以批评谴责。批评别人，从心理上打击别人，是一件容易的事情，但是，要了解自己则需要一辈子的时间，为自己的行为（不管是好的还是坏的）承担责任又是另外一回事。毕竟，所有的知识都意味着自我认识。

## 8.5 自我发现过程：寻找真实的人（四）

不管发生什么事，你始终都是你自己，要成为一个真正的人而不是塑料人，诚实的自我在你不断变化的成长过程中，绝对占据着极其重要的部分。

当我还是小孩的时候，"品质"这个词汇对我来说意义非凡。无论怎样我都谨记这一点，并且全心全意为保持优秀品质而努力工作，虽然有许多牺牲，但始终朝一个方向前进。在我的生活里，"品质"先生总是占有优先地位。有一天你会听到，"看，他是一个真正有品质的人"这正是我想要听到的话。

除了真诚以外，人的一生还有何求呢？实现你的潜能，而不要将精力浪费在塑造无实质意义的自我形象上。塑造自我形象是不真实的，它会浪费你宝贵的精力。我们的未来有许多重要的工作等着我们去做，它需要专心致志，也需要更多的精力。在成长和发现过程中，我们需要身体力行，这是我每天的经历，这些经历有的使人振奋，有的使人沮丧。无论如何，你必须让你的"内在之光"引导你走出黑暗。

我想说，我写的只不过是我头脑里随意涌现的想法。对于一些人来说，它可能不连贯。但这有什么关系，我不在乎！我只想直接写下我此刻想到的事。我真诚地希望我们能够相互交流，那太"酷"了。如果不能，那也没有办法。

对于那些想了解我的人，我可以告诉你，是我选择学武术的。当演员是我的职业。表演对于我来说是自我显现和学习的过程。我每天都努力地实现自我，做一名生活的艺术家。归根结底，所有的艺术都有着相似的基础！你可以自由地选择表达自己本能潜力的方法。当然，你是怎么看待"品质"的？关于这一点，我将从武术——我的初恋说起。

## 8.6 自我发现过程（五）

要写一篇关于某个人的有意义的文章，即关于他的所想所感，就不是一件容易的事。要写一篇关于自己的有意义的文章，更难。看起来好像我的压力并不大，实际并非如此。我正准备一部名为《龙争虎斗》（*Enter the Dragon*）的新影片，这是协和和华纳兄弟公司（Concord and Warner Brothers）投资出品的影片，另一部影片《死亡游戏》（*The Game of Death*）也完成了一半。虽然有些忙，但这篇文章还是值得我一写。如果它能向别人传达我的想法，我就满足了。如果不能的话，那也没办法。

如果我放纵一下自己，沉迷于角色扮演的操纵游戏，这篇文章写起来也就没有那么富有挑战性了，但是，我肩上的责任不允许我这样做。无论何时何地，我就是我。哦，当然，没有人要求我写一份真诚的忏悔录，可是我确实想真诚地敞开心扉。这是一般人不愿意做的事，也就是这篇文章之所以有意义的原因之一。

大多数人为他们的形象而活着，这就是为什么有些人把自我作为起点，更多人心中空空如也，这是因为他们忙忙碌碌，把自己塑造成这样或那样的形象。他们浪费、消耗大量的精力去塑造一个想象的外表，而不是拓宽和发展自身潜能，也没有致力于自我表达和有效沟通。当有人看到一个成功达成自我实现的人从身边走过，他会情不自禁地说：“瞧，这才是位真正的人！"

哦，我知道，我们所有的人都认为，我们是有高度智力的人。然而，我想知道，我们当中有多少人曾经进行过某种意义上的自我反省，或者自我审视所有现成的答案和真理。自从我们有了学习的能力和理性之后，这些事实和真理一直被强加于我们，塞进我们的大脑。

虽然我们有一双眼睛，但大多数人从严格意义来说并不会"看"。真正的"看"是一种无偏见的意识，它能引起新的发现，而发现是激发自我潜能的方式之一。然而，当一双眼睛用于观察或发现他人的缺陷和错误的时候，我们是如此敏锐，随时准备予以批评谴责。批评和打击他人的气焰是容易的事，但是认识自己需要花一辈子的时间。

## 8.7 自我发现过程（六）

　　李小龙是一个不断变化的人，因为他一直都在学习、发现和发展自己。如同他的武术一样，他所学的内容永远不是一成不变的。它们在不断地变化。李小龙充其量只能提供一个可能的方向，仅此而已。

　　李小龙身上有一些有意义的品质值得称道，如诚实做人，质量重于数量（用他自己的话来说就是，不道德的事，给我几百万美元我也不会去做。但是正义的事情，哪怕只有一毛钱，我也义无反顾）。最后一点也非常重要，他是个勤奋工作的人。有九成以上的超级影星可能都具备这一素质，但是他们会忽略自己的价值，并滥用权力。

## 8.8 自我发现过程：论自我实现（七）

　　从我孩提时代起，在我体内就有一种本能的冲动，不断发展，每天挖掘我的潜能。对于我来说，一个人的作用和责任（我指的是一个品质超群的人），在于真诚（这里我不想涉及那些不太理解什么是人生的人）。我们要真诚地发展自我潜能和实践自我实现的目标，而不是致力于自我形象的实现。在这里，我要补充一下，在不久以前，我对自我形象的实现，而不是自我实现非常感兴趣。

　　在过去的十年里，我发现了我的另外一种品质。通过个人体验和专心致志地学习，我逐渐意识到，最大的帮助来源于自助，再也没有比自助更有效的帮助了。我们要尽最大努力真诚地去做事，全心全意，专心致志地对待那些无穷无尽的、不断变化的任务。

　　这些年来，在生命的过程中，我做了许多事情。例如，在这一过程中我从自我形象实现，转变到自我实现，从盲目地听从别人的想法，转变到去寻找导致自己无知的内在原因。我是个努力勤奋的人。

## 8.9 自我发现过程（八）

　　要想写一篇有意义的文章讲述我是如何感受、思考和表达自己的，可不是一件容易的事。这是因为，我还在不断学习、不断发现和不断成长的过程中。

看起来好像我的压力并不大，实际并非如此。我正准备一部名为《龙争虎斗》的新影片，这是协和华纳兄弟公司（Concord and Warner Brothers）出品的影片。另一部电影《死亡游戏》也只完成了一半。最近，我非常忙，加上心里被各种情感因素所困。

如果我放纵一下自己，沉迷于角色扮演的操纵游戏，这篇文章写起来也就没有那么富有挑战性了。幸运的是，我的自我认知超越了那种境界。我逐渐理解了，生命最好是一种实践过程，而不是一种构想过程。

我很高兴，因为我每天都在成长。诚实地说，我不知道，我的终极极限在哪里。但可以肯定的是，我每天都能得到一种新的启示和发现。不过，最使我感到满足的是听到有人说："瞧，他是个真诚的人！"

哦，我知道，没有人要求我写一份真诚的忏悔录，可是，我确实想真诚地敞开心扉。这是一般人不愿意做的。基本上，武术是我的自愿选择，而表演是我的职业。总而言之，我希望，作为人生的艺术家，我能在人生的道路上实现自我潜能。

我认为，武术像任何其他艺术一样，是个体灵魂不受拘束的体育运动表现。哦，是的，习武也意味着像山中隐士一样刻苦修炼，以提高或保持某人的水平。然而，武术也是人纯洁心灵的展现。这一点对于我来说特别有意义。

是的，自我第一天习武以来，我已经取得了不小的进步。随着我生命进程的展开，我还在成长。活着意味着用创造性的方法自由表现自己。我必须说，创造不是一件固定或僵化不变的事。

## 8.10 充满激情的心境

只有能看清自己的时候，我们才能看清别人。

无自我意识的人是透明的；仅仅了解自己心灵的人是晦涩的。

是同情心而不是正义的原则让我们不去伤害我们的同胞。

与其说相信创造发明，不如说我们更愿意相信我们模仿的东西。对根植于我们内心的根本信念，我们缺乏一种绝对的信心。在无依无靠、孤立无援之时，往往会产生最强烈的不安全感。而当我们跟随众人趋之若鹜地模仿之时，我们就不会觉得孤单。这就是我们大多数人心里的想法，我们做人往往按照别人说的去做。我们主要通过造谣惑众的宣传来了解自己。

当我们打垮一个人的精神时，比获得一个人的心成就感更强。就算我们赢得了一个人的心，也可能第二天又失去它。一旦我们挫伤一颗自豪的心，我们就达到了最终的、绝对的目标。

恐惧来自于不确定性。当我们绝对确定自己有价值或者没有价值的时候，我们都足以抵御任何恐惧。因此，那种觉得自己一事无成的感觉很可能成为勇气的来源。

我们大多人心中有一种强烈的渴望，即把自己看成是任人摆布的工具，对自己的倾向性观点和冲动所造成的后果，不负一点责任。无论是强者还是弱者，都喜欢抓住这个借口不放。弱者在顺从的道德掩盖下，隐藏着他们的恶意。他们采取无耻的行动，因为他们俯首帖耳，听命他人。强者声称自己是更高一级权威所选择的工具——上帝、历史、命运、民族或人类，也要求赦免他们的罪行。

当我们绝对孤立无助或者是绝对有权威的时候，任何事情都有可能发生——两种状态都使我们容易轻信他人。

自傲这种价值感的来源并不是我们的有机组成部分，而自尊则来自于我们自身的潜力和取得的成就。当我们感到自傲的时候，我们认同自己是通过想象中的自我、引导者、神圣的事业和团体。自傲中存在恐惧因素且缺乏容忍度，这是一种麻木不仁和自以为是的心态。一个人的自我越没有希望和潜能，他对自傲的需要就越强烈。自傲的核心是自我排斥。只有当自傲释放能量，作为取得成就的动力时，它才可以与自己和解，从而取得真正的自尊。

我们要通过实现我们的才能，或者使自己忙忙碌碌，或是认同一种事业、一位领袖、一个集体，我们才能获得一种价值感。在实现才能、忙忙碌碌和认同想象中的自我这三种情况中，自我实现的道路是最崎岖不平的。在某种程度上，只有通往其他价值的大道被阻塞，才有人肯走这条路。才华横溢的人应该受到鼓励去从事有创造性的工作。几千年以来，你可以听到他们在通往成功的道路上发出的悲鸣和哀叹。

行动是通往自信和自尊的高速公路。只要打开了它，所有的能量都会倾

泻而出。行动对大多数人来说没什么困难，回报又十分丰厚。但人们很少自发性地采取行动，且要培养这种精神决非易事。当行动占据主导地位的时候，文化上的创造性又往往容易被忽视。随着美国西部的拓展，新英格兰的文化几乎一下子变得停滞不前。古代罗马人的相对文化枯萎，与其说是罗马国内缺乏天才，不如从罗马帝国本身来解释。最优秀的人才过去通常被高官厚禄的回报所吸引，如同现在美国的优秀人才被事业发展的回报所吸引一样。

当个人被"自身无力的自由"所放逐，只有通过自身努力才能证明存在的时候，备受磨难的命运过程就启动了。因为此时个人只有努力实现自我的自律个体才能证明他的价值，创造出文学、艺术、音乐、科学历史上的辉煌成就。一旦自律的个体不能实现自我，或者通过自己的努力证明自己的存在，就会埋下挫折的种子，这种挫折带来的震动会动摇我们世界的根基。只要自力更生的个体拥有顽强的自尊，那么他的道路就平坦无碍。保持自尊是一项任重道远的任务，它往往会耗尽个体的力量和内在资源。我们每一天都需要重新证明自己的价值，证实我们存在的理由。无论出于什么原因，当自律的个体得不到自尊的时候，他很可能成为极其危险的炸药包。他丢掉没有希望的自我，一头扎进追求自傲——自尊的爆炸性替代品。所有的社会骚乱和动荡不安在个人的自尊危机中都可以找到根源，并且，广大群众团结一心所努力追求的，基本上就是寻找自尊。

动辄采取行动是一种内心不平衡的症状。保持平衡的心态就是要处之泰然。行动实际上就是要通过摇摆和挥舞双臂来重新获得平衡和自信。如果这是真的，就像拿破仑（Napoleon）曾经给卡罗特（Carnot）写信说："管理政府的艺术就是不让人发霉"，也就是失去平衡的艺术。集权专制的政权与自由社会秩序的关键差异在于，集权专制是在通过一种不平衡的方法，让人们充分活跃，努力奋斗。

一般人认为，才能创造机遇。现在看来，强烈的欲望不仅创造了机遇，而且创造了人才本身。

动荡巨变的岁月，也就是激情燃烧的岁月。对于全新的事物，我们不可能完全适应，也不可能完全做好心理准备。我们要学会调整自己，每一次较大的调整对于自尊来说都是一次危机：我们要经受考验。在考验中，我们要证明自己。因此经历过动荡巨变的人不能够适应环境，而这种不适应在一种激情的氛围中呼吸和存活。

我们追求充满激情的事物,并不总是意味着我们真正需要它,或者在这方面有什么特别的天分。通常,我们满怀激情去追求的一件事物,是另一件我们真正需要而又求之不得的事物的替代品。我可以较为肯定地说,满足一种迫切的希望并不可能使我们躁动不安的心静下来。在充满激情的追求过程中,追求的过程往往比追求的目标更重要。

谦逊并不是放弃自傲,而是用一种自傲替代另一种自傲。

是否存在发自内心或者出于天性的忍让,这一点很令人怀疑。忍让需要在思想上下工夫,也需要自制。同样,仁爱的行为也很少有不经过深思熟虑的。因此,它们有些是虚伪的、有些是矫揉造作和虚情假意的,这与我们的欲望和自私形成的制约很有关系。我们应该谨防那些认为没有必要装作善良和行为端正的人。这些连一些表面上的掩饰都不肯去做的人,往往是最堕落,最残酷无情的人。表面的掩饰通常是通向真诚的必不可少的一步,它是真诚情绪溢出和固化的一种形式。

对自己的控制就像转动保险柜上的一系列组合数字一样。转动保险柜上的按钮很少能一下子将门打开。每一次前进和退却都是通往最后目标的必要步骤。

握有别人不知道的秘密可能是自傲的源泉之一。秘而不宣与自吹自擂,是一种似是而非的悖论:在两种情况下,我们从事一种创造性的伪装。自吹自擂试图创造的是一种想象中的自我,而秘而不宣给人一种神采飞扬的兴奋心情,仿佛我们是经过伪装的王子,故意装出顺从谦卑的样子。在二者之间,秘而不宣更难,也更有效,因为观察敏锐的自吹自擂者容易产生自卑感。然而,就像斯宾诺莎(Spinoza)说的那样:"管住自己的舌头,比管理政府更难。说话谦和一些,比减少一些欲望更难。"

要改变我们现在的状况,我们必须意识到我们是什么样的人。无论是想要显得与众不同而做出的一种表面的掩饰,还是内心的真正改变,如果没有自我意识都不能实现。然而,值得注意的是,正是那些从不满足的人才努力追求新的身份认同,他们的自我意识最少。他们抛弃了不想看到的自我,从此就再也没有机会好好地看上一眼。其结果是,那些最不满足的人,既不掩饰自己,也不会有真正的内心变化。他们是透明的,这些人在追求自我戏剧化、自我改变的所有尝试中,把有缺憾的品质留了下来。

在工作之余的空闲时光里,除了写电影剧本,与孩子们玩乐,教导武术之外,李小龙常常会挤出时间写写诗歌。他喜欢写诗,是因为人的灵魂可以通过诗歌表达情感,诗歌能够让人的灵魂在生命的画布上表达自己。

李小龙也喜欢把中文诗歌翻译成英文(翻译叶子Tzu-yeh的诗"霜",即系一例),喜欢把自己对原作者做出的文学理解和阐释,用独一无二的方式表达出来。

附录一

# 诗　歌

　　按照美国的标准，李小龙的诗歌是相当幽暗的——揭示了人类心灵幽深之处的奥秘。他的许多诗歌都有一个不断重复的主题，这就是对稍纵即逝生命的伤感，对爱情以及对人类激情的渴望和企盼。

　　更重要的是，这些诗歌反映了李小龙的另一面：一个敏感的灵魂在呼唤理解、爱情和友情。他的诗歌反映了他对生活的看法：生活要靠自己主动去奋斗，而完成这一使命的惟一机会就在今天。

## 李小龙原创诗歌

### 雨,黑压压的云

雨,
黑压压的云,
花儿飘零,月光惨淡,
鸟儿匆忙迁徙,
寂寞秋天到来之时,
分手也近在眼前。

云层飞快地飘过天空,
飞快地划过,
飞快地聚集。

说了很多,却没有道出
心底的感觉。
离别的日子会很长,
但只需记住,
我会永远牵挂着你。

美好的时光也许一去不返,
分别也近在眼前。
白昼愈发短暂,
而夜晚愈发冗长。

当夜的沉寂吞噬着你,

不安烦扰着你，
读一读我留给你的诗。
离别的日子会很长，
但只需记住，
我会永远牵挂着你。

### 残阳

地平线遥不可及，
残阳悲伤。
秋风无情，
黄叶飘零。
山顶之上，
两股山泉被迫分离。

一条往东，一条往西，
太阳明早还会升起，
枯叶逢春还会变绿。
为何我们要像这山泉，
永远，永远的分离。

### 再次拥你入怀

再次拥你入怀，
再次我迷失在，
自己的天堂里。

和你共在一条金舟之上，
自由地漂流在洒满阳光的海上，
远远地避开尘世，
当波浪在周围舞动，我雀跃不已。

太多的顾虑扼杀了我的本性，

太多的光线迷乱了我的眼睛。
太多的真相震惊了我的心灵,
哪怕有万般阻挠,
我们的真爱永存。

搅动污泥,浊水不会变清
只会越搅越浑。
但是放任不管,
它却会变清,
正所谓清者自清。

**荡舟在华盛顿湖上**

我活在梦中,
梦来了又去,
只剩下孤独的我坐在船上,
任他自由地滑过平静的湖面。

燕子成双结对地飞过湛蓝的天空,
鸳鸯肩并肩地游过平静的湖面。
靠在桨上,我望着远处的湖水,
天空远远的,爱人远远的。

太阳像火球一样消失在地平线,
落日的余晖瞬间映照在整个大地。
反映出太阳的潜在的暴力和辉煌,
落日应是象征着和平。
但这样的夜晚,充满着柔情和感伤,
只会让我的心徒增忧思。
皓洁的月亮在湖上升起,
银色的光芒洒满了地平线。
我打量着水,水如这夜一样明亮。

当云层飘过月亮,
我在河中看见他们的倒影。
感觉就像在天空中荡舟,
想到我爱的人,
也在我心中浮现。

湖水安静地睡了,
听不到波浪的细语。
躺在船上,
试图想象可以找到你的梦境,
但是啊,没有梦。
出现的,仅仅是黑暗中一点点移动的火光。
那是一艘经过的船发出的,远远的灯光。

**漫步在华盛顿湖边上**

岸边的微风,
已经那么凉,那么柔和。
远处的湖泊和天空,
似一片残阳的血迹。

湖泊深深的沉默,
熄灭了我所有的骚动。
沿着湖畔,
慢慢地踱着步子,
沿途受扰的青蛙,匆忙逃走。
鳞次栉比的房子,
冷冷的灯光冒了出来,
令人眩晕的月光,
从深沉而寂寞的天空,洒落下来。
月光中,我慢慢走向功夫室,

身体和灵魂融为一体。

### 落叶飘零

风和雨愉快地嬉戏
窗外的一片微黄的叶子
绝望地依附在枝丫上

我摘下叶子
给了它一个家
把它放在了书里

### 尽管夜为爱而生

尽管夜为爱而生
白昼却会很快回来

尽管她离我很远
时光却带着希望在流逝

思绪来了又去
但是你
却永远深藏在我心中

### 沉默的笛子

我希望既不要拥有什么,
也不要被拥有。
我不再奢望天堂
而且,我也不再害怕地狱。

从一开始,我就有治病的良药
但我没吃
我现在才发现

病根原来就在我自己。

现在我知道
除非我像蜡烛一样敢于自我牺牲，燃烧自己
否则我永远看不到光明

**自从你走后**

落日西沉
分别之歌也唱完了
分别在即

靠在檀香木桨上，我凝视着水面
天空，远远的
爱人，远远的

自从你走后，我不知道你是近是远
我只知道大自然变苍白了
我的心也因无尽的思念而无比压抑
靠在孤独的枕头上
我试图想象可以找到你的梦境
啊！没有梦，只有昏暗的灯光融合在阴影之中

船顺着平静的河面滑下
滑到岸边的果园之外

当夜的沉寂吞噬着你
不安烦扰着你
读一读我留给你的诗

为了划船游玩
我们一直等到太阳落山
微风起，蓝色的水面微起涟漪

水百合也跟着荡漾

岸边

落英缤纷

瞥见那些漫步的情侣

我有种强烈的冲动
好想告诉他们我的满腹激情
啊，船顺着水流漂走了
回想起来，我的心充满着忧伤

两只燕子，啊两只燕子
燕子总是成双飞翔
当他们看见翡翠塔
或是上漆的展览会场

找到一个大理石扶手
或是镀金的窗户
没有伴侣，他们也绝不在那栖息
他们也绝不分离

云层覆盖的天空下
船儿迅速地漂流着
盯着水面
它就像夜空一样清晰
当云层飘过月亮
我在河中看见他们的倒影
感觉就像在天空中荡舟
想到我爱的人
也在我心中浮现

# 李小龙诗歌译作

## 霜

年轻人
属于你的一分一秒

一定要抓牢
时光荏苒
很快你也
要衰老
若不信
请你瞧一瞧后院里
那白霜似雪
冷漠无情
爬满草地
绿去也
看不到吗
我们就像
同一棵树的树枝
你高兴
我快乐
你悲伤
我流泪

爱啊
能让我和你的生活不一样吗?

## THE FROST

Young man,
Seize every minute

Of your time.
The days fly by;
Ere long you too
Will grow old.
If you believe me not,
See there, in the courtyard,
How the frost
Glitters white and cold and cruel
On the grass that once was green.
Do you not see
That you and I
Are as the branches
Of one tree?
With your rejoicing,
Comes my laughter;
With your sadness
Start my tears.
Love,
Could life be otherwise
With you and me?

### 我侬词

你侬我侬,
忒煞情多。
情多处,热如火。
把一块泥,
捻一个你,
塑一个我。
将咱两个,一齐打破,

再捻一个你，
再塑一个我。
我泥中有你，
你泥中有我；
与你生同一个衾，
死同一个椁！

## PARTING

Who knows when meeting shall ever be.
It might be for years or
It might be forever.
Let us then take a lump of clay,
Wet it, pat it,
And make an image of you
And an image of me.
Then smash them, crash them,
And, with a little water,
Knead them together.
And out of the clay we'll remake
An image of you, and an image of me.
Thus in my clay, there's a little of you,
And in your clay, there's a little of me.
And nothing will ever set us apart.
Living, we'll be forever in each other's heart,
And dead, we'll be buried together.

　　李小龙在他的一生中写下了大量的信函。他经常给朋友写信,与他们深入交流,使他们了解武术界的最新发展动向,向他们传递自己在哲学或精神上的洞见。

　　下面的信函选自《李小龙图书馆系列》(The Bruce Lee Library Series)丛书中的第五卷《龙之信》。读者可以通过这些书信回顾一下我们在前面

## 附录二

# 书 信

为大家展示过的观点。

每一封信，代表李小龙思想的一个方面：哲学、心理学、诗歌、自助、自我认识以及武术理念等。这些信进一步向我们展示，他在日常生活中能把各个方面协调得很完美。

## 生活的真正意义：宁静的心态
### ——给曹珍珠的信

亲爱的珍珠：

　　这封信可能有些难以理解。它包含着我的梦想和我的思考方式。总的来说，你可以说是我的生活方式。要准确记下我的感受是困难的，因此读起来可能会更让人迷惑不解。然而，我想写下来，让你了解一下这方面的情况，我想尽量地用清晰的语言表达清楚。我希望你读这封信的时候，也敞开你的心扉，在读完之前，不要下任何结论。

　　良好的谋生手段有两种。一种是勤奋工作，另外一种是靠想象力（当然也是一件费劲的事）。事实上，劳动和节俭产生能力，但是幸福，比如说积累财富，则是要敢于想前人没有想过的事，这样才能获得报赏。在美国，每一个行业、每一个专业领域都注重创意。创意使美国变得与其他国家不同，同理，一个好的创意也会使人实现自己心中的梦想。

　　我生活的一部分是功夫。这种艺术对我的性格和思想有非常大的影响。我既把功夫看成是一种体育，也把它看成是一种思想上的训练。它既是一种防身的手段，也是一种生活方式。在所有的武术形式中，数功夫最佳。从中国衍生过来的柔道和空手道只是功夫的基本形式，现在却在全美蓬勃发展起来了，之所以出现这种情况，是因为没有人听说过这种崇高的艺术，也没有合格的教练。我相信，我常年的系统训练，能使我当之无愧地成为一名合格的功夫教练。当然，我还需要相当长的一段时间来磨练我的技艺和性格。因此，我的目标是，创立一所功夫学校，逐步把它扩展到全美国。完成这一使命，我需要十到十五年的时间。

　　我办功夫学院的理由不仅仅是为了赚钱，还有很多其他想法，比如：我要让全世界都知道这门中国艺术的伟大之处；我喜欢指导和帮助他人；

我想赚些钱，让家人过上富裕的生活；我想做些有创新意义的事情；最后一点，也同样重要的是，功夫就是我自己的一部分。

我知道，我的想法是正确的，因此，结果会令人满意。我根本不担心回报，现在只需要开动机器，全力以赴。我的付出将用我的回报和成功来衡量。

在电机天才查尔斯·斯坦因墨芝博士去世之前，有人问他，"在接下来的二十五年里，哪一门科学会做出最大贡献？"他停下来，思考了几分钟，然后像闪电一样迅速回答说："精神的实现。"当人类真切地意识到，他自身蕴藏的巨大精神动力，并且开始将这些力量运用于科学、商界和生活中，人类未来的进步将无可限量。

我感觉，我身上蕴藏着巨大的创造力和精神动力，比任何信念、抱负、信心、决心、远见都要强大。我的头脑被这种主导力量像磁铁般的吸引了，我能把握这种力量。

当你把一块小石子投进湖水中，石子将会激起层层涟漪。这情形正如我要把我的想法付诸实践一样。目前，我可以把现在的思想付诸于未来的行动中，我已经看到了我的未来。我在做梦（切记，现实的梦想者从不放弃）。我现在一无所有，只能寄居在地下室里狭小的空间里，但是，一旦我的想象插上翅膀，我就可以看到一幅美丽的图画：一幢五、六层高的功夫学院拔地而起，功夫学院的机构遍布全美各地。我不会轻易地失去信心，我想象自己能轻易地克服所有的障碍，克服困难，实现"不可能的"目标。

我不知道是不是上帝的作用，我感到，这种巨大的力量，这种未开发的潜能，这种富有活力的东西，就蕴藏在我身上。这种感觉妙不可言，任何体验都无法与这种感觉相比。它如同一种强烈的情感，加上信念，但比它们更有力量。

总而言之，我的计划和我所做的一切，都旨在发现生活的真正意义——寻找平静的心态。我知道，我所拥有的所有一切，并不一定能使我保持宁静的心态。不过，如果我专心致志地真正实现自我，而不是思想斗争，我就一定能做到。为了获得宁静的心态，道教中"无为"和禅宗"净心"的教导是宝贵的资源。

很可能有人说，我太刻意追求成功了。当然，我不是这样的。你要知道，我做事情的意志来自于这样一个事实：我一定能做成。我的心里无畏无惧、无迷无惑，处于一种自然的状态。

珍珠，成功只属于那些想成功的人。如果你没有确立目标，那么，你如何能实现目标呢？

诚挚的问候！

小　龙
**1962 年 9 月**

## 运用你自己的经验和想象
### ——致木村武之

武之:

  我刚才用邮政快件把太极拳的挂图邮寄给了你,包裹里还有一件我寄给你的唐装。之前跟你提过,我刚刚从奥克兰回来,詹姆士·李准备寄给你一个有内置阻力的"碌手"练习器械。

  首先,我想让你在心里记住一条重要的教学规则,即"简练的形式"的运用。如果遵循了这一规则,你将永远不会感觉到,你有必要增加一些所谓的"诱人的"的招数来吸引学生。

  为了解释"简练的形式",让我用一种技术来阐述这个理论。接着,这个想法可以运用在任何技术上。这种技术的三个阶段是:(1)自我同步,(2)与对手同步,(3)实战条件下的同步。这种教学方案不仅提供了取之不尽的教学方法,而且提供了最有效的课程教学计划,使所有的学生获益匪浅。我在洛杉矶尝试使用过这种方法,每次不管我示范的招式有多简单,学生们的兴趣都非常浓。因为他们可以省略掉不必要的动作,他们感觉进步非常大。好了,让我们再回到"简练的形式"这一话题。

  为了更好地说明这一点,让我用"拍手"作例子——"动作的简练"基本上意味着所有的动作从起势动作开始;其次,如果是手上的技术动作(脚下跟随),就得手先动,如果是脚下的技术动作,就要脚先动。

  为了巩固上述两条"真理",我们可以先练习拍手中的碰手(即学生摆好桩后触碰对方的手),尽管在实战中不太可能先碰到对方的手。不过,在开始阶段,这种碰手的姿势可以保证正确的形式——这就是"简练的形式"。 每个练武术的人都知道,进攻开始于起势,不需要任何多余的动作。

现在，这个至关重要的理论通常被人忽略。如果任何学生做"拍手"（或任何其他技术动作）时有多余的动作，又回到摸手的位置的话，他就做了不必要的动作，从而降低了效率。因此，为了增强远距离拍手的实战效果，就必须先练习好碰手。不仅如此，学生有必要回到碰手的位置，以不时地提醒自己消除不必要的动作。

远距离运用"拍手"要更难一些——在没有特定的惯性情况下，你必须首先出一只手，然后出脚，手脚并用地和谐向前，用手直冲——难怪没有多少人能坚持训练这一简单的拍手动作！我想，你现在一定看清楚了"简练的动作"的要领。就是这个"简练的动作"的理论，也要花上许多时间才练得完美无缺，更不用提上面谈到的"一种技术的三个阶段"——即，就"拍手"而言，在学习和掌握了远距离"拍手"以后，你必须缩短你和对手之间的差距，既能踢中对手，而又万无一失地保证安全。

上述建议值得你花很多时间去指导。当然，你需要按照套路去练习，为了练得娴熟完美，要结合整套体系来反复练习每个动作。现在，你可以马上将我的建议付诸实践，在你学到"简练的动作"后，仅仅靠练习这个技术，你的速度就能加快一倍，技巧也会更加纯熟。

我希望，我把我们招式最重要的规则印入了你的脑海——坚持上述训练计划，变化组合，不要太担心，你的学生为了学习更多的东西而离不开你，如果他们真正掌握了你教给他们的东西，他们会学到更重要的东西。

切记，为了把一个柔道动作练习好，选手往往要成千上万次做一个动作。当然，充分运用你自己的经验和想象力。你会干得很好！

我对你充满信心！

布鲁斯

## 我是谁？
### ——致李俊久

俊久：

　　随信附上有关查克·罗礼士的广告。这是最近的一期。将来的几期，我也将给你留着。此外，我还加入了几张其他类似的广告。希望对你有所帮助。

　　（李小龙在此信中还附上了自己写的两首诗，来鼓励他的老朋友，劝导他不要让逆境影响了自己，并且，让他认识到，每个人是自己心灵的船长和命运的掌握者。）

我是谁？

　　我是谁？我是谁？
　这是个地老天荒的古老问题，
　　很多人在不停地反复自诘，
　　　不在过去就在现在。

　虽然每个人都可透过镜子，
　　　看到自己的容貌，
　尽管他清楚自己的姓名，
　　　年龄与过去，
　他仍然在追问、沉思，
　　　我是谁？

　我究竟是出类拔萃的巨人，

傲立于天地之间的主宰,
还是庸碌无为的侏儒?
我在笨拙地阻挡自我前进的道路?

我究竟是充满自信的绅士,
带着必杀的招式,
天生我材必有用的领袖,
与天下四海广交朋友。
还是内心充满了恐慌,
在陌生人群中小心谨慎,
在僵硬的微笑后颤抖,
还是像在荒野中迷途的小孩?

大多数人渴望做一名强者
我们不愿见到自己如此窝囊。
然而我们能够做到——
我们希冀中那样的人。

那些有心耕耘
自己天赋本能的人,
将自己的目标盯在
优秀、可敬和一流的品质上,
相信他们能够成功
将发现
他们的信心会得到双倍的回报。

在追求的进程中,
他们会发现自己的本真。
顾盼于镜子的形象时,
定能见到自己的真貌。

**"哪个是你?"**

怀疑的人说,
"人不能飞翔。"
实干的人说,
"可能,但我们还是应该试试"
转眼之间他直冲云霄
溶入早晨的一片曙光。
将信将疑的人举目
看着他从地面腾飞。

怀疑的人说,
世界是扁平的。
航行的船只会驶向危险的边缘,
事实就是这样。

一个崭新的新世界
被实干的人发现。
他回来向世人证明,
这个行星是园的。
怀疑的人知道,
"事实就是事实"
任何发出声音的装置
永远不能代替真马。

然而实干者的马车,
无马之车,
奔驰在原野,
驶向四面八方的大道。

那些怀疑的人不停地说,
"没有办法做成"

> 他们从来不会赢得胜利
> 或者把荣誉之冠带上头顶。
> 而实干的人宁愿
> 相信自己能做成。
> 而怀疑的人
> 远远从后面观望。

总而言之，让我提醒你，消极的情绪通常会不知不觉地钻进我们的心里。不时地停下来思考一下（比如心里的担忧、期待等），然后以焕然一新的面貌勇敢地前进，这样做是大有裨益的。

正如良药苦口利于病一样要想享受好的东西需要我们做一些我们不喜欢做的事。请记住，我的朋友，发生了什么并不是最重要的，更重要的是，对这些事你如何做出反应。

你已经具备了成功的素质。我知道，你将会以这样或那样的方式胜出。因此，忘记可恨的水雷吧，全速前进！请记住我这个中国佬告诉你的这句话："时势造英雄！"

愿宁静与和谐与你同在！

布鲁斯

## 把绊脚石变成垫脚石
### ——致李俊久

俊久：

请接受来自洛杉矶的问候！与美国很多其他城市一样，洛杉矶的商业不太景气。如果这句话听起来有些悲观的话，请不要误解我。尽管事实是事实，但像其他的人一样，你有权选择怎么去看待它。这里我要问你的是，俊久，在实现梦想的路上，你准备把拦路虎变成垫脚石吗？或者说把它变成绊脚石，如果你不知不觉地让消极的思想、忧虑、恐惧等占据了你的心灵。

相信我，要做大事，或者是成大业，总会遭遇到大大小小的障碍。你如何对所遭遇的障碍作出反应是最关键的，而不是障碍本身。除非你承认自己的失败，否则是不会有失败存在的，但不要等到承认的那一刻！

我的朋友，请尽可能地回忆过去，多想想那些令人愉快、值得回味和令人满意的活动和成就！那么现在呢？当然，想想挑战和机遇，展望一下你通过施展才能和燃烧能量获得的报偿。至于未来呢，你所拥有的每一种抱负，在一定的时空中，都尽在你的掌握之中。

我觉得你把你的大量精力浪费在了担心不必要的事和渴望未来上。切记，我的朋友，要善于享受你的计划和成就。生命，对于拥有消极的能量来的人来说，太短促了。

自从打印度回来后，我的脊柱伤暂时没有大碍。与华纳兄弟公司拍摄的《沉默的笛子》（*Slient Flute*）现在还在进行中。我们正在等待下一步，估计在十天内会有结果——新的预算将可能获得通过，成立另一个外景队等。除了《沉默的笛子》之外，下一个季节，我将在《盲人追凶》中的第一集《窄巷》（*Long Streets*）里客串一个角色。如果试镜通过的话，我还要出演另一部影片（三个主要演员之一）。在十天内，估计会有一个结果。

当然，见鬼的是，我现在就想做点什么！我脑海里现在有一个拍摄电视连续剧的想法，在一、二周内我会想清楚的。同时，我正在考虑在中国香港拍摄一部影片（中文影片）。那么，开始！开始！不要把精力浪费在忧虑和消极的想法上。我指的是，现在谁像我一样，工作这样不稳定？我靠什么过日子呢？我相信我的能力，我一定能够成功。是的，我的脊椎伤病破坏了我的计划，使我一年多无所事事。但是，每一种逆境带来的都是一种祝福，因为所发生的令人震惊的事能提醒自己，我们不能墨守成规，迂腐守旧。看看暴风雨吧，在经历一场暴风雨之后，一切生机勃勃！

因此，请切记，被烦恼所困扰的人缺乏泰然处之的心境，因而不能解决自身问题，他的紧张易怒和反复无常的心态，只会给他身边的人徒增烦恼。

好了，我还能说什么呢？忘掉那可恶的障碍物——水雷吧，全速前进！

写这封信的人是，一位被脊椎伤病所困扰，但是，发现了一个全新的、威力无比的踢法的武术家！

布鲁斯·李

# 境由心造
## ——致拉里·哈塞尔

亲爱的拉里：

　　髋关节的伤痛好些了吗？我希望你多保重自己。

　　在本月底我将做一期电视节目。节目的名字叫做《窄街》（*Longstreet*），这是为今年下半年拍摄的一部电视连续剧。我参加演出的这一集的名字叫"拦截拳头之道"（截拳道）。

　　《沉默的笛子》的进展还是照旧——只不过是时间的问题而已。我正在拍摄一部以武术为主题的电视连续剧，希望它会很快杀青——到时我一定告诉你。

　　下一期的《黑带》封面上将要刊登我的照片。看看吧，也许你觉得很有趣。我还没有见过你的家人，请向他们转达我最良好的祝愿！

　　一切多保重，朋友！

布鲁斯·李<br>1971年6月6日

　　（在这封信里，李小龙附上了一首他最喜欢的、自己创作的励志诗。该诗赞美了人面临逆境时，应该拥有积极思考的力量。李小龙想把这首诗作为激励的手段，增强其朋友的意志，希望他早日恢复健康。）

## 勇于自信

如果你认为自己会败,你已败了。
如果你认为自己不敢,你已退缩了。
如果你想赢,却又没有把握。
几乎可以断定你没有胜算。

如果你认为自己会输,你已输了。
四海宇内我们会发现,
成功开始于人的坚强意志。
一切都是境由心造。

如果你认为人家超过了你,那就是这样,
要攀登高峰,你必须志存高远。
只有对自己充满信心,
才能赢得胜利和嘉奖。

人生的搏击并非总是偏向
那些人——更快或更强的人。
而更青睐于胜利者
勇于自信,敢于那样想的人。

# 哪里有绝对自由，哪里就有艺术生命
## ——致约翰

亲爱的约翰：

你猜得真准！我刚刚从录音棚录完音回来，用一个字来形容"忙"！

真诚似乎是你天性的一部分。虽然我们在一起的时间不长，我给你的不假思索的回答是：从时间安排上看，太忙了，我抽不出时间来教我的徒弟，但是，如果时间允许的话，我愿意跟你坦诚地聊聊，充当一个孤独旅行者的路标。关于这一点，我完全诚实地向你敞开了心扉。

虽然我的经验会有助于人，但是，我坚持认为，艺术，即真正的艺术，是教不会的。再者，艺术不是一件装饰品。相反，它总是处于不断成熟的过程中（从没有达到尽善尽美的境界看）。

你瞧瞧，约翰，当我们有机会讨论这方面的情况时，你会发现，你的思考方式与我的思考方式是绝对不同的。究其原因，艺术是获得个人解放的一种手段。你的方法不等于我的方法，反之亦然。

所以，无论我们能否走在一起，切记，哪里有绝对自由，哪里就有艺术生命。将所有的训练置于一旁，当"心事"（如果能用言语表达的话）完全没有旁骛的时候，自我就完全达到了"坐忘"的境界，截拳道才能臻于完美。

好了，我要去睡觉了，因为明天还得起早工作，工作后还有训练。这是我写给同行练武的人一个简短的便条："人生成长是一个过程。"

**布鲁斯**

　　自李小龙主演《唐山大兄》以来，该影片创下了中国香港电影史上的最高票房纪录，在各种各样的人群之中，特别是在习武的人当中，掀起了一股发现"另一个李小龙"的热潮。练空手道的、练合气道的、练柔道的等，无一例外地热衷于李小龙的搏击术。这些人也不看看自己是否是块练武术的材料，只是东一拳，西一腿，沐猴而冠地照搬。他们学了几招花拳秀腿，就指望电影制片人会看上他们，把他们塑造成为电影"明星"。

附录三

# 对手眼中的李小龙

让我们暂且把话题转开。这么简单就可以成为电影明星吗？当然，我敢肯定，当明星没那么简单。此外，我也可以告诉你，随着李小龙演的电影越来越多，观众也会很快意识到，表演能力是一回事，而实际的身体技巧又是另外一回事。例如，在演出《猛龙过江》（*The Way of the Dragon*）时，李小龙的武功与美国武术冠军查克·罗礼士（Chuck Norris）棋逢对手。后者曾获得过"全美公开赛"的七次冠军和"世界空手道锦标赛"的冠军。

他的另一位搭档是1970年美国重量级空手道比赛的冠军，鲍伯·华尔（Bob Wall），他们合作拍摄了《龙争虎斗》。此外，还有七段"合气道"高手王英世（Wong In Sik 音译），观众可能在电影《合气道》（*Hap Ki Do*）中见过他的表演。

　　人们会说："当然，这都是电影制片精心策划的啦。"但是，我敢肯定，看到这些武术家在影片中展现的速度、力量、节奏、协调性和多才多艺，观众不至于无动于衷，不作出自己的判断吧。

　　在李小龙成为电影演员之前，世界上影响最大、最受人推崇的武术杂志《黑带》曾发表过好几篇李小龙撰文的文章。这里我必须强调的是，《黑带》上发表文章的标准是国际武术界的最高标准——它的质量和权威性无人质疑。不久以前，《黑带》对一些武术界的高手进行了专访调查，他们直接或间接地表达了对李小龙搏击能力的看法。

## 欧内斯特·耐布（Ernest Lieb）

欧内斯特·耐布是空手道黑带五段选手，是美国空手道协会的主任。这是他发表的对李小龙的看法："我熟悉李小龙，曾经有数次机会与他合作。虽然我曾获得过四十二次巡回赛的比赛冠军，但是我认为，我不是他的对手。他的速度之快，超过了我所知道的大多数黑带选手。"

## 李俊久（Jhoon Rhee）

李俊久是跆拳道七段黑带选手。他把朝鲜跆拳道介绍到北美，被认为是美国"跆拳道之父"。他描述李小龙的截拳道说："非常科学和实用，特别适应于街头巷尾的实战。"

## 查克·罗礼士

查克·罗礼士是美国空手道冠军，在电影《猛龙过江》里他与李小龙有过合作。一次他在接受电视采访的节目中，他直截了当地承认，李小龙是他的"老师"，当时观看该节目的观众有数百万人。罗礼士表示他是李小龙截拳道的狂热爱好者。这里，我需要补充的是，与罗礼士一样，其他两位冠军，美国重量级冠军乔·路易丝（Joe Lewis）和美国次重量级冠军麦克·斯通（Mike Stone），都曾师从过李小龙。那时这三个人门派风格不同，都是公认的高手，但他们虚心拜倒在李小龙门下。1976年8月16日出版的《华盛顿明星》（*Washington Star*）中的"体育周刊"栏目，报道如下：

> 李小龙的三位学生乔·路易丝、查克·罗礼士和麦克·斯通都先后赢得过美国主要空手道巡回赛的冠军。乔·路易丝是"美国锦标赛"

的大满贯获得者，曾连续三年获得该项目的冠军。李小龙像大人教小孩一样，手把手地言传身教。这种场面看起来让人有点泄气。如同走进旧时西部的沙龙客厅，看到这个地方动作最快的家伙，带着一把破旧的枪站在那儿。然后，一个年轻的乡巴佬走了进来，他说："我告诉你多少遍了，你的动作不对！"他身旁的另一位伙计也在洗耳恭听。

## 肯·克劳逊（Ken Knudson）

肯·克劳逊是一位令人生畏的"刚柔流"空手道高手，他曾赢得过许多场巡回赛的冠军。他说："布鲁斯（李小龙）的侧踢和背拳的威力在于具有爆发力。他给过我一个侧踢，动作是如此之快，我连眼睛都没有来得及眨一下。他的动作连贯性很好，我指的是，他所有的技术非常符合逻辑。"现在，肯还是美国一流的空手道高手。

## 艾伦·斯迪恩（Allen Steen）

艾伦·斯迪恩是美国加州空手道的冠军。他身高六英尺，体重两百多磅，来自德克萨斯州。他对李小龙的总体评价是："李小龙向我展现的部分技艺，给我留下极其深刻的印象。"

## 弗莱德·若恩（Fred Wren）

弗莱德·若恩是美国空手道搏击的前十位高手之一，他对李小龙的赞美溢于言表。在采访中，他是这样说的："在我一生中，我从来没有遇到一位比李先生更有搏击能力、更懂得搏击的人！"

## 华利·杰（Wally Jay）

华利·杰是柔道五段黑带选手，也曾荣膺过美国"最佳柔道教练"的称号，曾担任过许多柔道队的教练，成绩显赫。他深知道，作为一个冠军和好的竞技选手需要什么素质。他对布鲁斯的评价是:"布鲁斯才华横溢、令人着迷、无与伦比。"杰先生接着说:"布鲁斯出拳如闪电般迅速,同时又没有失去势沉力大的特点,这一点让我惊叹不已。"华利从事武术工作有四十多年。他形容李小龙的动作是"具有美洲豹的优雅从容、机动灵活和威力无比"。

## 路易丝·德尔伽多(Louis Deigado)

路易丝·德尔伽多也是一位黑带选手。他曾在纽约举行的超级大赛中击败过查克·罗礼士。在1969年11月出版的《黑带》杂志中,他是这样描述李小龙的:"我从来没有看到过像李小龙这样的人。我曾经遇到过几个空手道搏击选手,都与他们过过招。但是,布鲁斯是惟一能彻底挫败我信心的人。我与他搏击时,完全处于一种敬畏状态。"

## 杰·马瑟(Jay Mather)

杰·马瑟也是一位黑带高手和巡回赛的冠军。在宣布即将举行的一场冬季锦标赛时,在一封公开信中,他是这样描述李小龙的:"他是他那个时代的传奇。"

## 海伍德·西冈(Hayward Nishioka)

海伍德·西冈,"美裔日本人,全国柔道锦标赛"冠军,也是一位黑带选手,"松涛馆流"空手道套路高手。海伍德在美国加州的一所大学做了一项科学试验,以找出空手道和截拳道出拳的力量有什么不同。结果发现,截拳道的出拳力量比经典空手道的出拳力量要大得多,也更有摧毁性。

## 乔·路易斯

值得一提,也非常有趣(我知道中国香港武术界对美国武术界不是很熟悉)的是,李小龙与当时美国无可争议的重量级空手道冠军乔·路易斯的一场遭遇战。从我收集的资料来看，乔·路易斯在内心对李小龙的技艺是非常尊敬的，特别是他的实战能力。

如果你不知道乔·路易斯在美国武术界的形象的话，我可以告诉你，他有点像空手道搏击的"坏男孩"。许多人认为他盛气凌人。不错，他确实打断过几个人的肋骨。事实上，路易斯的徒弟鲍伯·华尔曾出现在李小龙主演的电影《猛龙过江》（*The Way of The Dragon*）里。当华尔与路易斯打的第一场自由搏击比赛中，路易斯飞起一脚，侧踢腿击中鲍伯，三根肋骨被打断。虽然乔·路易斯本性有些我行我素，自傲不凡，但毕竟他有自傲的本钱。在1968年《黑带》出版的年鉴中，有一篇乔·路易斯赢得在华盛顿举行的"全国巡回赛"的比赛报道，文章是这样写的：

> 现在，路易斯竞技状态出奇的好，很明显，在学会了一种新的搏击技术之后，也就是融合了截拳道技术之后，他又浴火重生。站在这个拳击台上，他野心勃勃，横扫一切对手，准备第三次赢得空手道冠军。他把他那桀骜不驯的脾气收敛起来，装进了茧壳之中。在这次巡回赛中，他从头到尾精神高涨。毫无疑问，这种高涨的情绪是被他的师傅李小龙点燃的。李小龙对他自己创立的功夫感到非常自豪。路易斯以一种前所未有的敏捷灵活的步伐出入整个比赛，以高质量的重拳打击对手，事实上，获得第二名的亚军似乎成了路易斯的陪衬、软弱的影子。当路易斯登上冠军领奖台时候，他恭敬地向师傅李小龙表示谢意，将他技术的提高归功于他的师傅。路易斯以前从来没有这样做过！仿佛搏击垫上诞生了一个新的路易斯！

顺便告诉你一个最近的消息，作为截拳道创始人李小龙当选为美国"黑带名人殿"的名人。它标志着美国第一次在历史上，全国性地接纳了这种新近发展的武术形式。不，截拳道当然没有成百上千年的历史。它于1965年左右才由一位名叫李小龙的人创立，一位专心致志、有强烈使命感的人。他的武术是任何严肃武术家不能忽视的财富。他的技艺和智慧，造就了一位真正的武术家。我只能骄傲地说，他就活在我们中间。李小龙是中华武术的杰出代表。这就是我们讲述的有关李小龙的故事。

# 译后记

本书的翻译过程是对李小龙（1940—1973）重新认识的过程。我们在荧屏上所看到的李小龙通常是一个威风凛凛的搏击高手，他的勇猛、技艺使所有的对手不寒而栗。李小龙的出现不仅使所有的海外华人一雪"东亚病夫"之耻，而且赢得了东方人和西方人的敬意。这是我很久以前观看《猛龙过江》时留下的深刻印象。

当出版社的编辑找到我翻译此书时，我虽然多次在美国听到美国人提及李小龙、成龙和李连杰等武林功夫高手的大名，并以此感到骄傲，但是，我最初的感觉是，对于从事纯文学翻译的人来说，翻译一本有关武术名家的书似乎与我的兴趣与爱好有些风马牛不相及。但是，我发现，我错了。我犯了一般人容易犯的教条主义的错误——把李小龙仅仅当成了一名武术高手。这本书却告诉了我们李小龙鲜为人知的一面。李小龙不仅是诗人、哲人、演员、导演、作家、舞蹈编导，而且还是温情的丈夫、值得信赖的朋友。他把全部身心都投入到武术、生活之中，更重要的是，他将中国哲学思想与中国武术融于一炉，形成了独具特色的思想和生活理念。

很少有人知道，李小龙在美国华盛顿大学学的是哲学专业，他的毕业论文写的就是有关中国哲学方面的内容。有人说，少林武功的精神支柱是禅宗，那么，我认为，支撑李小龙所创立的截拳道的精神支柱则是中国的老庄哲学思想。从本书李小龙的笔记中，我们发现他对刚柔、动静、无为、无心等中国哲学思想的理解超乎了一般人的想象，他反复用小草与大树面临飓风袭击时，前者由于柔顺而生存下来，后者由于过分的"刚直"而折腰的例子来说明，搏击中的进退、刚柔力量和战术的转换是一种辩证关系。由此，李小龙认为，武术中的寂静、平和是维持精神均衡的超自然力量，老子的"万物之至柔"的水不仅是智慧的象征，也是心灵宁静和精神澄澈的象征。"天下柔弱莫过于水，而攻坚强者莫之能先，以其无以易之。柔之胜刚，弱之胜强，天下莫能知，莫能行。"（《道德经》七十八章）。李小龙深刻地体认到，水之就下的本性，水是万物中最柔弱的，但它也是最坚强的，无论水与何者相遇，它总是屈从不争而回避危险，而取得最终的胜利，这就是为什么他将进攻与防守、无为与进取结合得如此完美。可以说，武术之道与哲学之道相结合成就了李小龙的人生之道！东方哲学与东方武术的结合造就了李小龙成为一代英豪！

本书是根据约翰·里特（John Little）创作的英文原著 *Bruce Lee: Artist of Life* 翻译而成的。里特先生是当今世界上研究李小龙最权威的专家，他目前是美国李小龙教育基金会的主席（Bruce Lee Educational Foundation），曾创作和撰写了大量有关李小龙的书籍和文章。在创作本书的过程中，他征得李小龙家人的同意，使用李小龙生前撰写的笔记、手稿和阅读评注，从而使本书更具有权威性。李小龙家人对于里特先生三十多年来为研究、传播李小龙所做出的努力也深表谢忱。

在翻译本书的过程中，译者根据中国读者的阅读习惯省略了注明原文出处的注释和文后的索引。

虽然李小龙已经离开了我们，但是对于崇拜和喜爱李小龙的人来说，他永远活在我们心中，正如李小龙在自己创作的一首诗里写的那样：

> 说了很多，却没有道出
> 心底的感觉。
> 离别会很久，
> 但只需记住，
> 我会永远牵挂着你。

对于牵挂李小龙的"龙迷"来说，阅读这本书何尝又不是对他的最好追忆！

刘军平
2012 年 7 月 10 日于珞珈山

# 出版后记

一谈起中国功夫，第一个想到的一定是李小龙。作为一代功夫巨星，他主演的功夫片风行海内外，他的名字在世界各地家喻户晓。在世人眼中，李小龙就是中国功夫的化身，他代表中国功夫第一次赢得了全世界崇敬的目光。

然而只将李小龙定位成一个功夫高手是片面的，其实他不仅仅是一位拥有高超武技的功夫之王，还是出色的哲学家、诗人、作家、演员、导演和制片人。本书精选了李小龙生前亲笔写下的多篇散文、诗歌、随笔及书信，力图将一个完整的李小龙形象展现在读者面前。

很少有人知道，李小龙在华盛顿大学主修的专业是哲学。他是苏格拉底、笛卡尔的追随者，更深谙东方道家思想的精髓，这一点在他的武学思想中也有很明确的体现。虽然李小龙的功夫看起来又快又狠、充满力量，他却认为功夫的最高境界是要"像水一样柔软"：水看似"柔弱"，却具有能穿透岩石的伟力。没有人能够刺破或打破水，因为你永远无法征服一个不作出抵抗的东西。他认为习武之人不应用蛮力去抗击对手，而是要随着对手的动作而动，化解对方的攻势，才能在搏击中取胜。

与市面上诸多关于李小龙的书籍相比，本书颇具独到之处。本书并不是他人为李小龙写的传记，而是将李小龙的亲笔手稿总结归类、集结成册，让李小龙自己说话，讲述他辉煌人生的智慧源泉。对于广大读者来说，这无疑是了解李小龙的最佳途径。

服务热线：133-6631-2326 139-1140-1220
服务信箱：reader@hinabook.com

后浪出版公司
2013 年 2 月

## 图书在版编目（CIP）数据

生活的艺术家 / 李小龙著；(美) 里特编；刘军平 译 . —北京：北京联合出版公司，2013.1（2025.7 重印）

ISBN 978-7-5502-1350-0

Ⅰ. ①生⋯ Ⅱ. ①李⋯ ②里⋯ ③刘⋯ Ⅲ. ①李小龙（1940～1973）—文集 Ⅳ. ① K825.78-53

中国版本图书馆 CIP 数据核字（2013）第 016615 号

BRUCE LEE：ARTIST OF LIFE by JOHN LITTLE
Copyright：© 1999 BY LINDA LEE CADWELL
This edition arranged with TUTTLE PUBLISHING / CHARLES E. TUTTLE CO., INC.
through BIG APPLE AGENCY, INC., LABUAN, MALAYSIA.
Simplified Chinese edition copyright:
2013 POST WAVE PUBLISHING CONSULTING (Beijing) Ltd.
All rights reserved.

## 生活的艺术家

| | |
|---|---|
| 作　　者： | 李小龙 |
| 编辑整理： | ［美］约翰·里特（John Little） |
| 译　　者： | 刘军平 |
| 出 品 人： | 赵红仕 |
| 选题策划： | 后浪出版公司 |
| 出版统筹： | 吴兴元 |
| 责任编辑： | 刘　凯 |
| 特约编辑： | 王　頔 |
| 封面设计： | 周伟伟 |
| 版面设计： | 闫献龙 |
| 营销推广： | ONEBOOK |
| 装帧制造： | 墨白空间 |

---

北京联合出版公司出版
（北京市西城区德外大街 83 号楼 9 层　100088）
天津中印联印务有限公司印刷　新华书店经销
字数 190 千字　720 毫米 ×1030 毫米　1/16　12 印张
2013 年 1 月第 1 版　2025 年 7 月第 21 次印刷
ISBN 978-7-5502-1350-0
定价：32.00 元

---

后浪出版咨询(北京)有限责任公司　版权所有，侵权必究
投诉信箱：editor@hinabook.com　fawu@hinabook.com
未经书面许可，不得以任何方式转载、复制、翻印本书部分或全部内容
本书若有印、装质量问题，请与本公司联系调换，电话 010-64072833

（英文版封面）

## 李小龙格斗法（完整版）

著　　者：李小龙　M.Uyehara

**以无法为有法　以无限为有限**

### 内容简介

本书清晰地介绍了传奇的武学大师李小龙的武术技法，教读者如何防御街头袭击，增强训练意识以及发展身体技能。本书是对原始四卷本李小龙格斗法的重新修订，这次的修订版加入了经过数码修复的李小龙动作示范照片，并由李小龙之女李香凝作序推荐，为这一经典之作带来了新的活力。对于李小龙的影迷和武术爱好者来说，本书都是不可多得的佳作。

## 叶准教咏春：木人桩法

著者：叶准、梁家锟、陈振良
出版时间：2012.08

### 内容简介

本书由咏春宗师叶问长子叶准及其弟子所著，所授内容乃叶问宗师真传，正统权威。本书首先以文字介绍咏春基本拳套及理念，而后重点讲解木人桩法，通过实拍照片逐步示范木人桩法的动作要领，并辅以文字注解，直观明了地展示出全套八节木人桩法的一招一式。对拳法中的重点招式及其应用方法，更单独进行了详细剖析，方便读者领会个中要义。

对于咏春研习者而言，本书是不可多得的宝贵教材。大众读者也可从本书所述的咏春拳理中，学习中国传统的哲学智慧，一探中华武术文化的博大精深。